Norbert Hörr
Wir!

Verlag Via Nova

Norbert Hörr

Wir!

Ein neuer Geist im Miteinander

Verlag Via Nova

1. Auflage 2015

Verlag Via Nova, Alte Landstr. 12, 36100 Petersberg

Telefon: (06 61) 6 29 73

Fax: (06 61) 96 79 560

E-Mail: info@verlag-vianova.de

Internet: www.verlag-vianova.de

Umschlaggestaltung: Guter Punkt, München

Satz: Sebastian Carl, Amerang

Druck und Verarbeitung: Appel & Klinger, 96277 Schneckenlohe

ISBN 978-3-86616-334-8

Inhalt

EINFÜHRUNG

Im Umgang mit anderen erweist sich nicht jeder Mensch als ein Naturtalent. Nach der Depression und der Alkoholabhängigkeit sind die sozialen Ängste vielmehr die dritthäufigste psychische Erkrankung. Sie verhindert die angemessene Teilnahme am gesellschaftlichen Leben, obwohl man gerne dazuzugehören möchte.

Eine ungeschönte Bestandsaufnahme leitet die Umkehr ein, denn Verhaltensmuster, die das Miteinander stören, können wir nicht einfach fortsetzen. Das Abstellen alter Gewohnheiten ist das Heilmittel schlechthin gegen die Angst.

Als das Gelenk zwischen dem Ich und dem Du rückt das Gehirn in den Fokus. Durch die Angst scheint es zu verschwinden, es löst sich auf oder wird gelähmt. Auf diese Weise entstehen Verformungen, die einer gründlichen Restaurierung bedürfen.

Die soziale Angst hat zwei Gesichter, deren Unterscheidung eine heilsame Wirkung erzielt. Als Phobie hat sie nichts mit dem echten Leben zu tun. Sie tritt als ein irriger Gedanke auf, der das Miteinander überschattet und vereitelt.

Als Urangst verliert sie ihre Schrecken, so dass wir mit ihr Frieden schließen können. Die natürliche Angst ist wirklichkeitsnah, nützlich und ziemlich vernünftig. Wir können sie zähmen, so dass wir nicht mehr von ihr beherrscht werden.

Systematisch werden acht Kernbereiche des gestörten Miteinanders aufgerollt und einer Lösung zugeführt. Dabei wird die eigene Persönlichkeit nicht vernachlässigt, denn sie ist die Grundlage, auf der die Gemeinschaft entsteht. Aus den inneren Auseinandersetzungen gehen der Intellekt und das Selbstwertgefühl gestärkt hervor, und depressive Verstimmungen hellen sich auf. Korrekturen an der körperlichen Verfassung regen das Denken an und umgekehrt.

Nach den ständigen Vernachlässigungen erhält das Miteinander seinen wahren Wert zurück. Es baut sich auf analog zum Abbau von Ängsten, und selbst Aggressionen können es nicht verhindern. Die verbesserte verbale Ausdrucksfähigkeit bewährt sich nicht nur in der Theorie, sondern auch in der Praxis, zu der es keine Alternative gibt.

Schritt für Schritt entfaltet sich der Geist, der als Begriff vieldeutig ist, in der vorliegenden Abhandlung jedoch im Sinne von Intellekt, Verstand, Denken verwendet wird. Der neue Geist bewirkt eine erhöhte Achtsamkeit auch für das Du und stellt das Miteinander auf eine solide Basis.

Ähnlichkeiten bei bestimmten Strukturen, z. B. bei sozialen Ängsten, Redehemmungen und Depressionen, bedeuten keine Wiederholungen. Vielmehr handelt es sich um Parallelen, die wie die Muster eines Teppichs ineinander verwoben sind und sich auf verschiedenen Ebenen ergänzen.

Aus Gründen des Copyrights stammen die jedem Kapitel vorangehenden Aphorismen von älteren Autoren. Die Zitate belegen, dass viele Probleme, die uns modern anmuten, seit jeher zum Menschsein gehören.

Zugunsten der sprachlichen Geschmeidigkeit erscheinen Personen nicht immer in der weiblichen und männlichen Form. Falls nicht ausdrücklich differenziert, sind grundsätzlich beide Geschlechter gemeint.

TEIL I

Hindernisse
oder:
Anweisung für soziale Ängste

1. PERSÖNLICHE DEFIZITE

Der verwahrloste Geist

„Wenn man einen falschen Weg einschlägt,
verirrt man sich umso mehr, je schneller man geht."
DENIS DIDEROT

Warum sollten wir unseren dahineilenden Geist aufhalten? Ist es nicht besser, ihm alle erdenklichen Freiheiten zu lassen? Dann kann er seine Ressourcen voll ausschöpfen, so dass er über ausreichend Potential für alle möglichen Situationen verfügt.

Diese Haltung ist die optimale Voraussetzung für eine Verselbständigung. Dem Willen seines Eigentümers fühlt sich der Geist nicht mehr verpflichtet. Stattdessen führt er ein Eigenleben, gibt sich als Staat im Staate aus, macht sich die Gesetze selbst.

Von der Verselbständigung zur Verwahrlosung ist nur ein kleiner Schritt. Der Geist gerät in Unordnung, so dass etwa aus der krankhaften eine gesunde Reaktion wird. Er stellt die Dinge auf den Kopf nach dem Motto der drei Hexen in Shakespeares Drama „Macbeth": „Foul is fair and fair is foul." Der Mensch wird zu einem Gedankenmessie, der kaum Richtiges, Halbwahres und Falsches unterscheiden kann.

Um seine wuchernden Gedanken zu beherrschen, kann er auf die Idee kommen, seinen Geist bis zur Lähmung zu verlangsamen. Seine Überlebensstrategie beruht also darauf, das Denken zu unterdrücken, damit er sich keine Blöße gibt. Eine größere Perversion des Geistes ist kaum vorstellbar.

In Wahrheit bricht Panik aus, wenn mitten unter Menschen der Verstand aussetzt. Nicht nur das Ich wird beschädigt, sondern auch die Beziehungen zur Außenwelt. Der geistlose Zustand macht angreifbar, so dass Schikanen nicht ausbleiben. Zu wünschen wäre daher das umgekehrte Verhalten, bei dem der Geist aufblüht.

Ein häufig vernachlässigter, wie ein Bastard behandelter oder sogar mit inquisitorischem Eifer verfolgter Intellekt funktioniert nicht mehr auf Knopfdruck. Vielmehr entstehen Denkfehler und als Folge davon Versagens- und Beziehungsängste, die allmählich überhandnehmen.

Labiles Selbstwertgefühl

*„Das Vergleichen ist das Ende des Glücks
und der Anfang der Unzufriedenheit."*
SØREN KIERKEGAARD

Ein verwahrloster und unzuverlässiger Verstand trägt zur Verunsicherung bei. Die Persönlichkeit verliert den Halt und das Vertrauen in die eigenen Fähigkeiten, das geringe Selbstbewusstsein reicht bis zur Selbstaufgabe. Dann lässt sich der Mensch von seinen Unzulänglichkeiten steuern, seien sie real, eingebildet oder übertrieben. Er fühlt sich wie eine leere Papierhülle, die der leiseste Windhauch umweht.

Das defizitäre Selbstwertgefühl macht sich schon bei alltäglichen Begegnungen bemerkbar. Jeder Zeitgenosse mit einem unerschütterlichen Selbstbewusstsein bietet ein Kontrastprogramm zum Ich. Handwerker können etwas, was man selbst nicht kann, und vor dieser Überlegenheit weicht man zurück. Attraktive und bedeutende Personen oder eine Gruppe belasten das Selbstwertgefühl erst recht.

Da jedes Wort den im wahrsten Sinne des Wortes „Selbstlosen" zum Narren zu machen scheint, bevorzugt er eine betont unauffällige Sprechweise. Warum auch sollte er plötzlich mutig werden, wenn er sich verbal äußern muss? Kommen die Defizite über das gesprochene Wort nicht erst recht zum Vorschein?

Angesichts der eigenen Redehemmungen werden Zeitgenossen ohne Bildung und Kultur maßlos überschätzt, nur weil sie in der Lage sind, eine unbeholfene Ansprache in einem kleinen Rahmen zu halten. Doch diese Ehrfurcht ist unbegründet, denn das Gegenüber hat auch seine Schwächen.

Einem Patienten mit dem Williams-Beuren-Syndrom z. B. fehlen jegliche sozialen Ängste. Er glänzt zwar mit ungehemmter Eloquenz, hat aber Lernschwierigkeiten und manchmal bedarf er der Betreuung.

Ständig neigt der Mutlose zu überzogenen Vergleichen, die angeblich zweifelsfrei die eigene Unterlegenheit beweisen. Der andere ist nicht nur erfolgreicher und verdient mehr, er sieht in der Regel besser aus und hat die attraktivere Figur. Er befindet sich grundsätzlich im Vorteil, egal, ob er jünger oder älter ist, dünner oder dicker, ärmer oder reicher, und egal, ob er einen dunklen oder hellen Teint hat, braune oder blaue Augen, schwarze oder blonde Haare.

Entsprechend irrational ist der Umgang mit positiven Signalen. Lob und Zuneigung versetzen den Menschen mit sozialen Ängsten in Unruhe, als sei er nicht der richtige Adressat. Von einer Welle der Sympathie getragen zu werden, ist ihm unangenehm. Es sieht so aus, als fehle ihm das Relais, das Leistungen zu Selbstbewusstsein umwandelt.

Als Ausgleich für die Selbstverleugnung schlägt das Pendel in die andere Richtung aus. Der arrogante Mensch spielt den Überlegenen, der alles im Griff hat. Jede einzelne Fähigkeit ist ein beliebiges Accessoire für den bereits prächtig ausgestatteten Paradiesvogel, dem die bestbezahlten Positionen zustehen. Auch er stellt Vergleiche an, die jedoch stets zu seinen Gunsten ausfallen.

Im Glauben, perfekt zu funktionieren, hat er es nicht nötig, auf die anderen zuzugehen. Seine Zurückhaltung soll ihn sogar zusätzlich interessant machen. Aber die Umwelt kann sehr wohl unterscheiden, ob der Einzelgänger die Rolle des einsamen Wolfs authentisch lebt oder nur mangelnden Mut zu verbergen sucht.

Wie die Selbstunterschätzung äußert sich die Selbstüberschätzung vor allem beim Reden, denn sie verleitet dazu, ausgerechnet die Sprechfähigkeit als weit überdurchschnittlich auszugeben. Damit nimmt das Unheil seinen Lauf, denn ein Sprechen, das Selbstsicherheit nur vortäuscht, wird erkannt und kommt nicht gut an.

Soziale Depressionen

„Der Kummer, der nicht spricht,
nagt am Herzen, bis es bricht."
WILLIAM SHAKESPEARE

Es gibt wahrhaft genug Anlässe, die das Gemüt langfristig verdunkeln. Die Unerbittlichkeit des Schicksals zeigt sich am Ende einer Karriere, beim unerwarteten Absturz in die Armut, bei den Folgen eines Unfalls oder einer chronischen Krankheit. Das Ableben einer geliebten Person erinnert an die eigene Vergänglichkeit.

Soziale Depressionen beruhen vor allem auf misslungenen Beziehungen. Im engeren Umkreis wird das Vertrauen erschüttert, wenn die eigene Familie keinen Schonraum mehr bietet, wenn Liebe in Entfremdung oder gar Hass umschlägt oder wenn eine Freundschaft zerbricht.

Mit akuter Lebensgefahr verbundene Ereignisse, etwa ein Überfall, wirbeln die Vorstellungs- und Wertewelt in einer Weise durcheinander, dass hinterher nichts mehr ist, wie es war. Die natürliche Freude an der Sexualität leidet, wenn sich Erinnerungen an Gewalt aufdrängen.

Zwar ist nicht jeder Zeitgenosse, der uns enttäuscht, von Grund auf böse. Aber es gibt durchaus Menschen, die sich lieber streiten, als in Frieden zu leben. Im Extremfall treten sie als ein schicksalhaftes Verhängnis oder als die Personifizierung des Bösen in Erscheinung.

Auch wenn man verstörende Ereignisse nicht selbst erlebt hat, können sie in der angekränkelten Phantasie zu jeder Zeit und an jedem Ort hervorbrechen wie ein Geschwür. Die Suggestivkraft der akustisch untermalten Szenen scheint jeden Widerstand zu vereiteln.

Manchmal wechseln depressive Phasen mit manischen Phasen ab. Im Zustand der Manie wähnt sich der Mensch unangefochten auf der Siegerstraße, was sich in einem ungerechtfertigten Hochgefühl ausdrückt, meist begleitet von einer überschäumenden Musik. So entsteht ein Teufelskreis, bei dem die Depression und die Manie sich gegenseitig am Leben halten.

Eine Manie stellt das verlorene Gleichgewicht jedoch nicht wieder her, vielmehr zersetzt sie die Persönlichkeit ebenso wie die endlose Grübelei. Das manisch-depressive Verhalten wirkt zudem trennend, denn der Umwelt gefällt weder die Schwermut noch ein unnatürliches und aufdringliches Aufgedrehtsein.

Abdrücke im Körper

„Es ist der Geist, der sich den Körper baut."
FRIEDRICH VON SCHILLER

Extreme Ängste greifen nicht nur den Geist, sondern auch den Körper an, wobei die Symptome nicht bei jedem Betroffenen vorkommen und nicht mit der gleichen Stärke. In ihrer Gesamtheit sind sie so wenig ansprechend, dass das äußere Erscheinungsbild das Miteinander beeinträchtigen kann.

Die Entgleisung des Nervensystems zeigt sich durch Zittern, Blässe, Flecken am Hals, Erröten, Hitzewallungen, Schweißausbrüche. Der Puls ist beschleunigt, Kreislaufprobleme äußern sich in Schwindelgefühlen oder in ohnmachtsähnlichen Zuständen. Magen und Darm zeigen funktionelle Störungen. Nicht nur im Kopf, auch in Armen und Beinen treten Schmerzen auf.

Das Gesicht zerfließt förmlich, so dass es schwammig und konturlos wirkt. Es kann jedoch auch einen grimmigen, depressiven und gequälten Ausdruck annehmen. Der Mund presst sich einerseits zusammen, als solle das Sprechen vereitelt werden, andererseits verzieht er sich zu einem unechten, fast süßlichen Lächeln.

Eine gekrümmte Haltung weist auf ein mäßiges Selbstbewusstsein hin; auf Dauer praktiziert, kann sie den Rücken irreparabel verformen.

Vom Kopf bis zu den Fußzehen angespannte Muskeln verraten eine geistige Verkrampfung. Der Eindruck von Unbeweglichkeit verstärkt sich durch die Arme, die beim Gehen kaum mitschwingen. Meist stecken die Hände in den Hosentaschen, was auf eine Ichbezogenheit schließen lässt.

Während einer angstbesetzten Phase ist die ganze Existenz auf das wild pochende Herz reduziert. Es schmerzt, als würde eine ätzende Säure in seinem Inneren brodeln. In diesem Zustand wird es kaum seiner Aufgabe gerecht, den Blutkreislauf anzutreiben.

In der Angst verflacht die Atmung, so dass sie sich einem Stillstand nähert, und es entstehen Atemnot und Lufthunger. Eine Hyperventilation mit ihrem oberflächlichen, kurzen, hektischen Luftaustausch bemüht sich um einen Ausgleich, fügt jedoch dem ursprünglichen Fehler einen weiteren hinzu.

Bei der Atemblockade staut sich die Luft. Der Bauch zieht sich fest, und das Zwerchfell, der Muskel zwischen Brust- und Bauchhöhle, verkommt zu einer verkrusteten Platte.

Wer Ängste hat, mag Trost in Nikotin, Alkohol und Medikamenten oder in illegalen Drogen suchen. Aber auch harmlose Beschäftigungen können abhängig machen, etwa das Einkaufen, das Glücksspiel, das Fernsehen, die Arbeit oder der Sex.

Die Esssucht schleicht sich heimtückisch ein, denn man kann nicht ohne Nahrung leben, die obendrein zum Wohlbefinden und zur Geselligkeit beiträgt. Die Grenze zum normalen Verhalten wird jedoch überschritten, wenn sich die Nahrungsaufnahme verselbständigt und in eine Gier übergeht. Werden regelmäßig mehr Kalorien vertilgt als verbrannt, entsteht eine Fettschicht, gedacht als Pufferzone zur feindlichen Umgebung hin.

Selbst das Denken kann zur Sucht werden. Der Zustand ist besonders nachts lästig, wenn die unkontrollierten Gedanken den Schlaf verhindern. Diese Schlafstörung lässt sich, analog zu einer anderen, die „Restless-Legs-Syndrom" (unruhige Beine) heißt, als „Restless-Brain-Syndrom" (unruhiges Gehirn) bezeichnen.

2. GESTÖRTE BEZIEHUNGEN

Die Angst vor den anderen

„Von allen Lügen in der Welt sind manchmal
die eigenen Ängste die schlimmsten."
RUDYARD KIPLING

Die Angst kann an jeden beliebigen Gegenstand andocken: an einen Hund, an das Wasser oder einen Raum. Sucht sie sich den Menschen aus, trägt sie den Beinamen „sozial". Da man der Umwelt kaum entfliehen kann, flackern die Ängste immer wieder auf, so dass die nicht abreißende Kette von Begegnungen einen Dauerstress verursacht.

Ein gewisser Respekt vor der Gesellschaft ist verständlich, denn sie kann gut und bösartig handeln, über Anerkennung und Ausgrenzung, über Karriere und Erfolglosigkeit entscheiden. Die teilweise schwierigen Bewährungsproben können durchaus berechtigte Versagensängste auslösen.

Die Angst vor den anderen beginnt mit der Schüchternheit. Es bereitet etwa Unbehagen, in einem Laden etwas zu bestellen oder vor den Sitzreihen eines Kinos entlangzulaufen. Das Tanzen bedeutet kein großes Vergnügen, denn die Verrenkungen könnten lächerlich wirken. Um nicht im Mittelpunkt zu stehen, verhält man sich in der Öffentlichkeit möglichst leise.

Der harte Kern derartiger Störungen ist die Sozialphobie. Sie macht den betroffenen Menschen fast besinnungslos vor Angst, so dass er glaubt, im Boden zu versinken und sterben zu müssen. Nach dem Blackout kann er sich an nichts mehr erinnern, weder an die Gesichter der Anwesenden noch an die Räumlichkeiten oder an die Gespräche.

Die Störung bedeutet die krankhafte Angst, sich peinlich zu verhalten und abgewertet und abgelehnt zu werden. Bei jedem kleinen Fauxpas befürchtet die Person, aus der Gemeinschaft ausgeschlossen zu werden, und bestätigt damit erneut ein zu geringes Selbstbewusstsein.

Wie gelingt es, trotzdem zu überleben? Zunächst ist es die Gnade der Unwissenheit, die die Angst verharmlost. Gelegentliche Erfolge erwecken zudem die Illusion, dass im Prinzip alles in Ordnung sei. Nach der Wellenbewegung des Lebens lösen sich die guten und die schlechten Phasen ständig ab, so dass der Aufschwung kommen muss. Derartige Vorstellungen, die eher für die Wechselfälle des Alltags zutreffen, verschleiern den chronischen Verlauf der Störung.

Aggressionen

„Ich wundere mich nicht, dass die Menschen böse sind,
aber ich wundere mich, dass sie sich nicht schämen."
JONATHAN SWIFT

Ein Mensch mit sozialen Ängsten wird erkannt wie ein geschwächtes Tier in einer Rinderherde und daher von den anderen bevorzugt provoziert. Sie spüren ihre Überlegenheit, auch wenn diese nur auf mehr Selbstbewusstsein und Durchsetzungsfähigkeit beruht. Gelegentlich ist der „Stärkere" ein Ungebildeter, was dessen Übergriffe noch unangenehmer macht.

Mobbing ist vor allem eine Spezialität in Ausbildung und Beruf, unter Schülern kann es ein Maß erreichen, das die Fortsetzung des Schulbesuchs verhindert. Aber auch ein Familienmitglied kann sich jenseits der Aussage „Was sich liebt, das neckt sich" im Ton vergreifen.

Die Übergriffe richten sich nicht immer gegen den Schwächeren, sondern auch gegen einen Klügeren und Erfolgreicheren. In diesem Fall verleitet die Missgunst dazu, einen Konkurrenten zum Sündenbock und Blitzableiter für die eigene Inkompetenz zu machen.

Oft wird hinter dem Rücken intrigiert. Ein mehr oder weniger subtiler Psychoterror äußert sich in Unterstellungen, Gerüchten und heimlichen Verunglimpfungen. Das Opfer wird ausgegrenzt und nicht in Neuigkeiten eingeweiht.

Nicht nur die Kollegen, auch der Vorgesetzte kann unlautere Tricks anwenden. Ausgestattet mit einem schwachen Selbstwertgefühl mag er befürchten, von Kollegen verdrängt zu werden, die über mehr Schwung und neue Ideen verfügen. Dieses als Bossing bezeichnete Verhalten soll z. B. seine Position als Chef absichern.

Auf Aggressionen reagiert eine Person mit sozialen Ängsten ziemlich dünnhäutig. Schon die geringsten Anlässe können eine ohnmächtige Wut auslösen, als hätte jemand eine Brandbombe in ihr Inneres geworfen. Ärger, Frustration und Empörung schalten im Bruchteil einer Sekunde das Gehirn aus. Die Verwendung der Sprache als Kampfmittel beschleunigt ihren Niedergang nach der verlorenen Auseinandersetzung.

Am Ende erlahmt jedoch die Widerstandskraft. Die angegriffene Person resigniert und verliert den Mut. Auf den absurden „Krieg" folgt die Selbstunterwerfung als weitere Sinnlosigkeit. Tabu sind von nun an auch berechtigte Formen der Selbsterhaltung, etwa erlittenes Unrecht beim Namen zu nennen und zu sanktionieren.

Redehemmungen

„Beim Reiten erkennt man das Pferd,
beim Reden den Menschen."
INDIANISCHES SPRICHWORT

Es ist der Leichtsinn, der dazu verführt, die Herausforderungen der Muttersprache nicht ernst zu nehmen. Warum sollte ein halbwegs intelligenter

Mensch nicht sprechen können? Warum sollte er die geringste Mühe in eine Fähigkeit investieren, über die scheinbar alle Zeitgenossen verfügen?

Doch die Angst kann das Reden formal und inhaltlich verzerren, so dass ein unverständliches Gestammel entsteht. Das Mikrofon trägt die Schwächen bis in die hintersten Reihen einer Versammlung, so dass das Gerät panische Reaktionen auslöst.

Mit drastischen Mitteln stört eine Phobie die Verwirklichung der Redeabsicht. Schon vor dem verbalen Ereignis verkrampfen sich das Gehirn und das gesamte Nervensystem. Die Muskulatur scheint gelähmt oder zittert wie Espenlaub, der Mund leidet an Trockenheit, der Hals ist wie zugeschnürt, die Stimmbänder verweigern den Dienst, die Luftröhre wird brennend heiß, die Atmung verflacht, im Herzen entstehen stechende Schmerzen.

Da alle vitalen Funktionen zusammenbrechen, ist nicht selten die Angst vor einer öffentlichen Ansprache größer als vor dem Sterben. Es entsteht ein verbaler Kurzschluss, der selbst einfachste Äußerungen unterbindet. Nichts erweckt jedoch mehr Grauen als Sprechblockaden, kaum eine andere Störung reizt die anderen zu mehr Hohn und Spott.

Sachbezogene Angstauslöser bleiben statisch, etwa ein Platz bei einer Agoraphobie oder ein hoher Aussichtspunkt bei einer Akrophobie. Dagegen reagiert die Umgebung auf die individuellen Redeprobleme. Sie äußert ihren Unmut, indem sie raunt und tuschelt, hüstelt und süffisant grinst, pikiert dreinblickt, die Sitzhaltung verändert, die Stühle verrückt, befremdet den Kopf schüttelt oder entnervt weggeht.

Wie bei der Sozialangst hängt die Intensität der Sprechangst vom jeweiligen Gegenüber ab.

Das Reden mit einer harmlosen Marktfrau, Kindern oder flüchtigen Zufallsbekanntschaften gelingt meist. Auch das Telefonieren bereitet kaum Schwierigkeiten, da der Gesprächspartner weit entfernt ist; andere Leidensgenossen werden trotzdem sehr nervös. Günstig wirkt sich eine fehlende Breitenwirkung aus, etwa beim Arzt, in einem Büro oder in einer Zweierbeziehung.

Als harte Bewährungsproben erweisen sich dagegen Aktionen, bei denen es gilt, ein wichtiges Ziel zu erreichen, etwa eine Anstellung, ein Mietobjekt oder Verbesserungen im sozialen Umfeld. Zudem fällt es ziemlich schwer, gegenüber einer bedeutenden oder attraktiven Person verbal zu bestehen. Vor allem meidet der Mutlose jeden Auftritt vor einem Publikum, selbst wenn die anderen von weit her kämen, nur um ihn zu hören.

Während die Sprechfähigkeit im realen Leben mehr und mehr verkümmert, tobt sie sich innerlich umso ungehemmter aus. In endlosen Wiederholungen wird der eigene Standpunkt beleuchtet oder über persönliche Niederlagen und schicksalhaftes Verhängnis diskutiert. Die Wortkaskaden erscheinen als eine besondere Begabung, in Wahrheit zerrütten sie das Denkorgan und damit die rhetorische Kraft.

Alternativ ertönt eine pompöse und berauschende innere Musikorgie, die zu bestätigen scheint, dass alles in Ordnung ist. Mit ihrer überschäumenden Fröhlichkeit verheißt sie paradiesische Zustände. Doch sie ist kein Ausdruck der Heiterkeit oder der Ausgelassenheit. In Wahrheit ist sie eine laute Höllenmusik, die die Verzweiflung und die Furcht vor dem sozialen Leben übertönen soll.

Das Vermeiden

„Der isolierte Mensch
gelangt niemals zum Ziel.“
Johann Wolfgang von Goethe

Ein Mensch mit sozialen Ängsten sieht sich von den anderen isoliert, selbst von denjenigen, die ihm weder ablehnend noch bösartig begegnen. Obwohl er sich aufrichtig bemüht, gelingt es ihm nicht, eine Verbindung herzustellen. Er fühlt sich wie in eine Nebelwand gehüllt, die er mit seiner entstellten Stimme kaum durchdringen kann. In der Gesellschaft, in der er sich gerade befindet, fühlt er sich wie ein Fremdkörper und wirkt auch nach außen so.

Verwandtschaftliche Beziehungen stehen eigentlich für eine besonders enge Vertrautheit, doch auch sie geraten in diesen Sog. Hier wirkt die Trennung noch deplatzierter als sonst und verstärkt das Gefühl der Peinlichkeit. Die Einladung zu einem großen Familienfest kommt daher einer Hinrichtung gleich.

Doch der Mensch entzieht sich der Umwelt auch bewusst, als wäre sie ein Wespennest. Da er über eine mäßige soziale Kompetenz verfügt, fühlt er sich allein am sichersten. Allerdings ist der Rückzug auch einfacher, als sich dem komplizierten und veränderlichen Miteinander zu stellen.

Der Vermeider schlägt etwa Einladungen aus, und wenn er doch hingeht, verlässt er die gesellige Runde vorzeitig. Ansammlungen weicht er aus, um nicht in ein Gespräch verwickelt zu werden. Vereinen oder Parteien tritt er nicht bei, denn er befürchtet, nicht ganz zu Unrecht, dass früher oder später die Mitarbeit und Diskussionsbeiträge auf ihn zukommen werden.

Ein Mensch, der sich absondert, wird zum Sonderling und muss damit rechnen, selbst abgelehnt zu werden. Die anderen können sich von ihm provoziert fühlen und aggressiv reagieren. Dann strafen sie ihn gern mit Schikanen und Verachtung, und zwar in einer Weise, die einer Beleidigung gleichkommt. In diesem Fall betrachtet sich der Täter als Opfer, als ein Mitglied der Gesellschaft, das sich integrieren will, jedoch unfreiwillig ausgeschlossen wird.

Zwar geht der Betroffene den anderen aus dem Weg. Andererseits sieht er sich unfreiwillig von ihnen abgeschnitten, so dass er sich danach sehnt, zu ihnen zu gehören. Es ist eine Konstellation, die langfristig einen Zustand der inneren Zerrissenheit aufrechterhält.

TEIL II

Das neue Gehirn
oder:
Zähmung einer
bedrohlichen Spezies

1. VERWÜSTUNGEN

Die Quelle der Angst

„Jeder von uns ist sein eigener Teufel,
und wir machen uns diese Welt zur Hölle."
OSCAR WILDE

Wie Herz und Kreislauf, Lunge und Atmung, Muskeln und Motorik sensibel auf äußere Einflüsse reagieren, so auch das Gehirn. Sein Zustand ändert sich, je nachdem, ob wir gerade eine gute oder eine schlechte Nachricht erhalten haben, ob wir entspannt am Strand liegen und dem Spiel der Wellen lauschen oder ob wir einem belastenden Auftritt entgegensehen.

Die von der Sozialphobie verursachten Veränderungen heißen Abwesenheit, Auflösung und Verhärtung. Dies sind gleichsam die drei Formen des phobischen Gehirns, die in etwa den physikalischen Aggregatzuständen gasförmig, flüssig und fest entsprechen.

Es versteht sich von selbst, dass das Organ nicht verschwinden, zerfließen oder hart wie Granit werden kann. Dennoch lassen sich derartige Befindlichkeiten objektivieren. Der Volksmund kennt beispielsweise Begriffe wie hirnlos oder hirnrissig oder Betonhirn.

Ein Gehirn, das weder die Interessen noch das Selbstverständnis seines Besitzers vertritt, handelt gegen den Selbsterhaltungstrieb. Es ist blockiert, wenn man sich in Gesellschaft befindet, und es verströmt Unmengen an Energie während des Alleinseins. Es hält innere Monologe, kommuniziert jedoch kaum mit der Umwelt. Es versteckt sich, wenn seine Präsenz unentbehrlich ist, und es drängt sich auf, obwohl es nicht gerufen wurde.

Ein solches Denkorgan ist nicht länger ein Freund und Helfer, sondern ein Werk des Teufels. Luzifer, der „Lichtbringer" und Versucher, verführt zu unsachgemäßen Manipulationen unter dem Vorwand, auf diese Weise einen optimalen Zustand zu erreichen. Wer sich seinem Bann entziehen will, dem stellen sich Legionen von Höllenhunden in den Weg. Im Übrigen ist das Dämonische ein Begriff der Psychologie, die es definiert als aus dem Unbewussten emporsteigende Ängste.

Auf dem Rückzug

„Man könnte vermuten, dass der Kopf eine Trommel sei, die nur darum klingt, weil sie leer ist."
IMMANUEL KANT

Wenn das Gehirn zu verschwinden scheint, verkümmern zunächst einzelne Fähigkeiten und Gefühle, so dass es einem Baum gleicht, dessen Äste abgesägt wurden. Es kann sich aber auch komplett und blitzschnell verstecken wie eine Eidechse in einer Mauerritze. Wenn es wie in einen tiefen Schacht stürzt, dauert es eine Weile, bis es wieder auftaucht.

In der Vorstellung saugt auch die Umwelt das Organ aus dem Schädel heraus, so dass es an ihr festklebt. Der „Dieb" kann etwa ein Verhandlungspartner in wichtigen Geschäften sein, ein wortgewandter Tischnachbar im Bistro, eine besonders attraktive Person oder ein arroganter Typ, der trotz seiner Einfachheit den absolut Überlegenen mimt. Erst recht gelingt die Entführung einer aggressiven Person oder einer Clique.

Das abwesende Denkgerät zeigt eine so geringe Präsenz, dass, nach dem subjektiven Empfinden, der Kopf sich als eine flache Schale, ein kleines kegelförmiges Gebilde oder ein dunkles Loch präsentiert. Die

Leere vermittelt allerdings nicht das Gefühl von Leichtigkeit, sondern von alarmierender Substanzlosigkeit.

Analog zum Gehirn können die Augen sich zu schmalen Sehschlitzen verengen und einen Tunnelblick aufsetzen. Dabei verlagern sie sich nach innen auf das Ich und schieben die Umgebung von sich. In ähnlicher Weise weichen sie vor einem Fotoapparat zurück, der die Angst für alle Zeiten dokumentiert.

Auch die Atmung verkümmert, und zwar durch die Überbetonung des Einatmens, verbunden mit einem möglichst langen Anhalten der Luft. Es verdient Beachtung, dass das Einatmen nach innen, auf das Ich gerichtet ist, das Ausatmen hingegen auf die Umwelt – ein für die Auflösung von sozialen Ängsten nicht uninteressantes Phänomen.

Der Rückzug des Gehirns und parallele Erscheinungen des Blicks und der Atmung sollen eigentlich die Angst beherrschen. Aber ein Organ, das sich nicht zeigt, kann kaum auf seine Ressourcen zugreifen, so dass die Versagensangst und die soziale Trennung zunehmen.

Auflösungstendenzen

„Das menschliche Gehirn ist eine großartige Sache.
Es funktioniert bis zu dem Zeitpunkt,
wo man aufsteht, um eine Rede zu halten."
MARK TWAIN

Unter dem Einfluss einer Phobie, Depression oder Aggression kann das Gehirn auf vielfältige Weise den Halt und die Struktur verlieren. Diese Auflösungsprozesse pflegt der Volksmund mit einer „Hirnerweichung" auszudrücken.

Das Denkorgan kann etwa Wucherungen erleiden, einem Tumor nicht unähnlich. Es kann sich in einen Brei verwandeln, von einer Überschwemmung erfasst werden oder zerrinnen wie Sand zwischen den Fingern.

Aufgewühlte Emotionen lassen das Denkorgan rasen. Es glüht förmlich vor Jähzorn, so dass der Volksmund von „hirnverbrannt" spricht. Dann gleicht es einem Motor, der im Stand zu viel Gas erhält. Er heult auf, aber er bewegt sich nicht, bis er schließlich ruiniert ist.

Andererseits erinnern die Vorgänge an eine Entzündung, deren lateinische Bezeichnung „inflammatio" ein „In-Flammen-Stehen" bedeutet. In diesem Sinne ist eine „Gehirnentzündung" eine Erkrankung, bei der sich das Denkorgan in einem überhitzten Zustand befindet.

Wie Erdbeben die Natur legen Gehirnerschütterungen das Organ in Trümmer. Oder elektrische Spannungen entladen sich in Blitzen und Kurzschlüssen. Kann das Denkgerät dem massiven Druck durch die Umgebung nicht standhalten, implodiert es, andererseits kann es nach außen explodieren.

Erstarrung

„Man kann unbeweglich im Fluss der Wellen verharren,
aber nicht im Fluss des Lebens."
JAPANISCHES SPRICHWORT

Die unerwünschte Selbstauflösung des Gehirns verlangt nach den sprichwörtlich „eisernen Nerven". Bei der Verwirklichung kann der Denkapparat jedoch bis zur Erstarrung übertreiben und die geringe Fließfähigkeit verursacht zusätzliche Ängste.

Die Verhärtung vollzieht sich etwa in Form einer Verdichtung und Verklumpung. Verkrampfungen führen ebenfalls zum Verlust der Bewegungsfähigkeit und Lebendigkeit. Das Gehirn wird gelähmt wie das Kaninchen durch die Schlange, im Extremfall tritt eine Art Todesstarre ein.

In der Vorstellung wird das Denkorgan dabei gepresst und gestaut, so dass es bald einer klebrigen und undefinierbaren Masse ähnelt, bald einem festen Knoten. Auch Vereisungen können die unnatürliche Verhärtung symbolisieren.

Dass die Verkrustung nichts Gutes verheißt, erzählt die Geschichte von David und Goliath. Für den bevorstehenden Zweikampf wappnet sich der Riese Goliath mit schweren Waffen und einer massiven Rüstung. Doch am Ende liegt er tot im Staub, erschlagen vom Hirtenjungen David, der sich mit der einfachen Steinschleuder seine Leichtfüßigkeit bewahrt hat.

Wer sich einen automatischen Ausgleich zwischen der Aufweichung und der Verhärtung erhofft, wird enttäuscht. Da die beiden Entstellungen negativ geladen sind, treiben sie vielmehr die Zerrüttung des Gehirns gemeinsam voran.

Wir können daher nicht umhin, den achtsamen Umgang mit dem Gehirn zu erlernen. Dabei holen wir es zurück, wenn es sich verbirgt. Wir festigen oder lockern es, je nach den aktuellen Erfordernissen. Was krumm ist, machen wir gerade. Uns erwarten also etliche Renovierungsarbeiten, die in den folgenden Kapiteln beschrieben werden.

2. ANWESENHEIT

Faule Ausreden

„Es genügt nicht, an den Fluss zu kommen
nur mit dem Wunsch, Fische zu fangen.
Man muss auch das Netz mitbringen."
Chinesisches Sprichwort

In Adelbert von Chamissos Erzählung *Peter Schlemihl* von 1814 verkauft der Held seinen Schatten dem Teufel. Dadurch verliert er seine Identität, so dass er von der Gesellschaft ausgeschlossen wird. Nicht besser ergeht es demjenigen, der sein Gehirn verleugnet.

Für das absurde Verhalten kommen mehrere Gründe in Frage:

- Vom reinen Denken geht eine merkwürdige Faszination aus. Es verspricht die Befreiung von gesellschaftlichen Pflichten ebenso wie von der Materie. Der Stein des Weisen, das Mittel gegen alle Erdenschwere und für ungehinderte Höhenflüge scheint gefunden. Tatsächlich bewegen wir uns jedoch in geistigen Niederungen.
- Möglicherweise soll das Denkorgan geschont, vor den Aggressionen der Umwelt bewahrt werden, damit es im Bestzustand erhalten bleibt. Allerdings wird das Organ stumpf, wenn es nicht genutzt wird.
- Daneben können eine gewisse Naivität, Bequemlichkeit oder Ungeduld Anlass sein, die stofflichen Bezüge der Ideen zu vernachlässigen. Doch wer assoziativ einfach drauflosdenkt, riskiert, mit der Materie auch den Geist zu verlieren.
- Man kann sich auch seines Gehirns schämen, weil es zur Verwahr-

losung neigt und sich dabei ins Fahrwasser von sozialen Ängsten verirrt. Es spielt also der Schutzfaktor eine Rolle, aber Sicherheit kommt nur von der Hirnpräsenz.

In Wahrheit können wir uns die Kopflosigkeit nicht erlauben, erst recht nicht auf der zwischenmenschlichen Ebene. Sie ist schlimmer als die Blindheit oder die Gehörlosigkeit, denn sie macht lächerlich. Wenn jemand klüger erscheint als ein gebildeter Mensch, dann liegt das an der Tatsache, dass der Gebildete sein Gehirn ängstlich versteckt, während der Ungebildete seines voll entfaltet und dabei ungehemmt mit den anderen kommuniziert.

Entgegen den menschlichen Verirrungen beweist die Natur eine höhere Weisheit. Wie beruhigend wirkt doch die Tatsache, dass das Gehirn nicht beliebig verschwinden kann. Selbst im kritischsten Augenblick füllt es den ihm zugedachten Platz im Schädel aus. Man muss sich nur einer Normalität anschließen, die von der Schöpfung vorbestimmt ist, mehr ist nicht zu tun.

Das Gelenk zum Du

„Das Schicksal der Seele ist in die Materie geschrieben."
FRIEDRICH VON SCHILLER

Dem Vergeistigten erscheint das Gehirn wie eine vergängliche und geradezu ordinäre Materie. Wenn er in der Anatomie das Organ aufschneidet, wird er, so viel steht fest, von einem Gedanken oder einer Empfindung keine Spur finden. Über diese leblose Masse kann er nur die Nase rümpfen.

Doch solange der Mensch lebt, sind die grauen Zellen alles andere als tot. In dem riesigen Netzwerk tauschen sich bis zu 100 Milliarden Neuronen ständig aus. Es erzeugt Gedanken, Handlungen und verbale Äußerungen, die sich im Nu den jeweiligen Umständen anpassen. Das Gehirn ist immer lebendig, selbst im Schlaf quellen noch Träume hervor.

Wie das Geschöpf vom Schöpfer abhängt, so die Funktion von der Materie. Diese hat keine Verachtung verdient, denn ohne sie bleibt jegliche Schaffensfreude unbemerkt und wirkungslos. Ein Schreiner verwirklicht sich durch Holz, ein Schriftsteller mit Stift und Papier und kein Chirurg kann allein mit seinen Gedanken die Bauchdecke öffnen.

Da sich die Materie in Opposition zu wahnhaften Bilder- und Klangwelten befindet, dient sie als Gegengift bei sozialen Ängsten und Depressionen. Sie beendet unerwünschte Assoziationsketten und die Gewohnheit, sich in Befürchtungen und Szenen des Versagens zu verlieren. Nachts hilft sie, die Schimären zu vertreiben, die den Schlaf rauben.

An die bloße Anwesenheit des Gehirns knüpfen sich keine übertriebenen Erwartungen. Sie macht uns nicht automatisch zu einer Berühmtheit, wenn uns die Veranlagung dazu fehlt. Aber sie trägt zur Entfaltung unserer wie auch immer gearteten individuellen Fähigkeiten bei und damit zu unserem Wohlbefinden.

So dient das Gehirn als Gelenk zum Du. Es befähigt mehr zum Miteinander als die fünf Sinne zusammen. Falls es einmal keine große Lust dazu verspürt, ertönt prompt die flehentliche Bitte: „Oh Herr, lass Hirn vom Himmel regnen." Ein Auftritt vor zahlreichen Anwesenden bedeutet demnach die vielfache Aufforderung, sein Gehirn zu präsentieren. Ist das nicht ein tolles Angebot?

Ausdehnung

„Wie der Hirsch lechzt nach frischem Wasser,
so dürstet meine Seele nach dir."
PSALM 42,2.

Wenn das Gehirn sich unter dem Einfluss der Angst bis zum Verschwinden einzuziehen scheint, handelt es sich um eine natürliche Empfindung. Denn die Angst hängt begrifflich mit Enge zusammen, so dass das

Denkorgan – nach dem subjektiven Empfinden – schrumpfen kann, im schlimmsten Fall auf einen winzigen Punkt.

Ein Gehirn, das sich klein macht, wird mit dem umgekehrten Verfahren geheilt: mit dem Dehnen und Strecken. Mit einer kraftvollen, bewussten Ausweitung erhält es seine natürliche Größe samt Inneneinrichtung zurück. Gleichzeitig verlagert es seinen Aktionsradius vom Ich auch auf die Umwelt.

Aus Angst, etwas Falsches zu sagen, kann sich auch der Hals zusammenziehen. Wenn er sich dagegen weitet, sind nicht nur die Luftröhre, die Nervenbahnen und die Muskeln beteiligt, sondern auch vier Halsschlagadern, bei Sängern oft so sehr, dass sie hervortreten.

Die Dehnung dient nicht zuletzt der Entspannung. Welch eine Wohltat, wenn wir aufhören, uns allzu bemüht auf ein unlösbares Problem zu fokussieren; wenn wir die Anspannung nicht permanent aufrechterhalten müssen; wenn sich das Denkorgan entsprechend den natürlichen Gegebenheiten ausbreiten darf. Nach der gewohnheitsmäßigen Unterdrückung ist ihm diese Erholung zu gönnen.

Die Kraft der Vorstellung

„Die Macht der Phantasie macht uns grenzenlos."
JOHN MUIR

Die Psychologie arbeitet mit anschaulichen Bildern, eine Methode, die sich auch eignet, dem Gehirn mehr Präsenz zu verleihen. Wenn wir es in der Vorstellung konkretisieren, geben wir ihm seine natürliche Gestalt zurück und beenden damit seinen Rückzug.

Konkretisieren bedeutet: In der Vorstellung zeichnen wir das Denkorgan nach, wobei ein plastisches Modell oder ein Atlas der Anatomie, z. B. der *Prometheus*, als Vorbild dienen. Die Hilfsmittel ermöglichen es, das Organ zu zerlegen und wieder zusammenzusetzen wie ein Puzzle.

Sie lehren vor allem eines: Das Gehirn ist keine Schlangengrube, sondern ein nüchterner Gegenstand der Naturwissenschaft.

Wenn unsere Phantasie das Gehirn verwirklicht, nehmen wir zunächst die beiden Hemisphären wahr. Dann widmen wir uns der bizarr geformten Oberflächenstruktur des Endhirns mit seinen Hügeln und den sie umgebenden Furchen. Im Inneren liegt die eiförmige Höhle des Zwischenhirns, mit Thalamus, Basalganglien und limbischem System. Die vier Ventrikel entgehen unserer Aufmerksamkeit ebenso wenig wie die Hirnflüssigkeit in den Hohlkammern. Nicht zuletzt stellen wir uns die Blutbahnen und die zwölf Hirnnerven vor.

Relativ einfach lässt sich das Gehirn veranschaulichen, wenn wir in guter Stimmung sind oder banale Beschäftigungen verrichten, etwa bei flüchtigen Kontakten, beim Autofahren oder beim Schlendern durch die Straßen. Existenziell wichtige Herausforderungen erschweren die Übung allerdings. Dazu gehören insbesondere verbale Auftritte, z. B. bei Vorstellungsgesprächen, vor der Kamera, mit herausragenden Persönlichkeiten.

Gerade Ausnahmesituationen zeigen, wie anspruchsvoll die Konkretisierung sein kann. Ein gesunder Stolz ist berechtigt, wenn wir unser Gehirn in ständig wechselnden Situationen, bei Tag und in der Nacht, zu jeder Zeit und an jedem Ort einfach nur als Organ realisieren können. Eine allzu detaillierte Vorstellung ist nicht nötig, doch dem individuellen Drang zur Ausschmückung sind keine Grenzen gesetzt.

Wenn wir das Gehirn konkretisieren, schlagen wir im Übrigen drei Fliegen mit einer Klappe, denn wir machen es gleichzeitig präsent, kompakt und locker, genauso, wie es in der Natur vorkommt.

3. DIE FESTIGUNG

Unter Aufsicht

„Auch das Denken schadet bisweilen der Gesundheit."
ARISTOTELES

Das unkontrollierte Gehirn verhält sich wie ein Auto, das sich von allein in Bewegung setzt und nicht weit kommt. Obwohl mit zahlreichen Raffinessen ausgestattet, durchbricht es die Absperrung und rast auf den Abgrund zu. Jedes Mal lockt das Spektakel eine Menge Zuschauer an, die befremdet und belustigt reagieren.

Ein Dompteur kann es sich nicht erlauben, auch nur eine Sekunde Angst zu bekommen, sonst würden die Raubtiere über ihn herfallen. Wenn er am Ende des Abenteuers noch lebt, hatte er während der ganzen Vorstellung sein Gehirn im Griff. Auch wir Normalos können nicht umhin, die Bestie im Oberstübchen zu zähmen.

Wer sein Gehirn beherrscht, entzieht sich seinen Launen. Im kontrollierten Zustand bleibt es kompakt, und zwar unter allen Bedingungen. Die Zügelung ist zudem ein Akt der Selbstbestimmung, denn sie drückt den Standpunkt aus: Mein Gehirn gehört mir, ich allein entscheide über seinen augenblicklichen Zustand, egal, was über Auge und Ohr eindringt. Ich lasse nicht zu, dass andere über seine Stabilität bestimmen.

Für Disziplin und Selbstkontrolle mag sich nicht jeder begeistern, aber die Vorteile überwiegen, wie bereits eine kleine Auswahl veranschaulicht:

Ein beaufsichtigtes Gehirn verbessert die äußere Erscheinung, indem es die Körperhaltung strafft und den Gesichtszügen ein markantes Aussehen verleiht. Auch die geistigen Fortschritte sind nicht zu verachten. Wir sind z. B. in der Lage, mit den anderen zu kommunizieren, vom Anfang bis zum Ende eines Vortrags und darüber hinaus, wenn noch Diskussionsbedarf besteht. An die Stelle von wabernden Ängsten treten Selbstsicherheit und Gelassenheit. Die ganze Persönlichkeit erhält eine gewisse Struktur, wovon nicht zuletzt das Miteinander profitiert.

Das Feuer löschen

„Der Mensch wird wie der Stahl hart –
durch öfteres Abkühlen nach der Erhitzung."
JEAN PAUL

Scheinbar spricht das überaktive Gehirn für ungewöhnliche geistige Fähigkeiten, für Temperament und Durchsetzungsfähigkeit. Demnach wäre die geistige Überhitzung identisch mit der Freisetzung riesiger Ressourcen, die das Leben zum Kinderspiel machen.

Aber ein Gehirn, das zu viel Präsenz zeigt, verrät nicht unbedingt den großen Denker. Das Denken an sich ist kein Kunststück. Niemand wird allein dadurch zum Professor, dass sie oder er denkt, bis der Kopf glüht. Bezeichnenderweise lässt sich auch mit Alkohol im Blut reichlich denken, es fragt sich nur, mit welchem Ergebnis.

Die unaufhaltsame Gedankenlava macht das Gehirn weder geschmeidiger noch potenter, sondern zerstört es. Durch die sinnlose Vergeudung von Energie wird es so geschwächt, dass es kaum mehr in der Lage ist, die für das Zusammenleben erforderlichen Mittel bereitzustellen.

Wird das Gehirn übermäßig aktiviert, will man sich möglicherweise nicht vorwerfen lassen, nicht genug an seinen Problemen zu arbeiten. Daher entwickelt das Denkorgan schon am Morgen, beim ersten Augenaufschlag, eine starke Eigendynamik, tagsüber hört es nicht auf zu rasen, und auch nachts ist es kaum zu bändigen, dann erst recht nicht.

Das Gehirn mag ruhig brennen, aber nur vor Verlangen, sich mit dem Du zu verbinden. Ansonsten braucht es eine Abkühlung. Nach Art der Jugendlichen, die einen Konflikt entschärfen wollen, rufen wir uns daher „Cool down" zu. Zusätzlich üben bestimmte Bilder eine kühlende Wirkung aus, etwa ein Iglu, eine Schneedecke oder ein Kühlschrank. Dabei sind unangenehme Empfindungen in Form einer Unterkühlung oder eines Schüttelfrosts allerdings zu vermeiden.

Ferner können wir uns daran erinnern, dass die normale Körpertemperatur 36,8 Grad Celsius beträgt. Dadurch löst sich der Hitzestau im Kopf auf und verteilt sich im Körper.

Helfer werfen eine Person, deren Kleidung Feuer gefangen hat, auf den Boden, und mit einer Decke löschen sie die Flammen. In der Vorstellung übernimmt das Endhirn mit seinen charakteristischen Hügeln und Furchen auf der Oberfläche eine ähnliche Funktion. Da es 80 Prozent des gesamten Gehirns einnimmt, kann es sich wie eine Decke über den Brandherd in seinem Inneren legen und ihn ersticken.

Die Abkühlung begünstigt das Zusammenleben entscheidend, denn die Energie des Denkorgans wird in lebendige Beziehungen investiert anstatt in ichhafte Explosionen, die an den sozialen Herausforderungen vorbeigehen.

Die Raserei entschleunigen

„Alle Lebewesen, außer dem Menschen, wissen,
dass der Hauptzweck des Lebens darin besteht, es zu genießen."
SAMUEL BUTLER

In der Ruhe liegt die Kraft. Das Gehirn muss nicht nur denken können, es muss auch damit aufhören können. Daher drosseln wir unsere Gedanken, wenn sie ständig grübeln, diskutieren, argumentieren, bis sich das Gehirn überschlägt. Wie die Muskeln baut sich das Denkorgan am besten auf, wenn Pausen zwischen den Trainingseinheiten liegen.

Statt den Ehrgeiz immer weiter anzuspornen, achten wir darauf, dass unsere eigenen Bedürfnisse nicht zu kurz kommen. Wir gönnen unserem Denkorgan daher mehr Erholung und Entspannung. Wir halten inne, um uns der Natur zu widmen, den Wolken nachzuschauen, dem Gesang der Vögel zu lauschen. Jenseits von zweckorientierten Erwägungen genießen und pflegen wir unsere Beziehungen.

Der Alltag lehrt, wie gut es tut, wenn wir achtsam mit unserem Leben umgehen. Beim Duschen etwa beobachten wir, wie die Wassertropfen auf der Haut abperlen. Mahlzeiten ziehen wir in die Länge für mehr Genuss und Tischgespräche. Das Fahrrad benutzen wir anstelle des Autos und erfreuen uns an der Bewegung und am Fahrtwind.

In der Tat bedeutet die Verlangsamung weder Faulheit noch Verdrängung, sondern ist Teil einer bewussten Lebensgestaltung. Wenn das Gehirn die hektische Unruhe unterlässt, nimmt es sich zurück, um sich zu sammeln. Doch wie ein Sendegerät steht es auf Stand-by, jederzeit bereit, seine Aktivität wieder aufzunehmen. Zwischenmenschliche Probleme lassen sich jedenfalls nicht mit blindem Aktionismus lösen, sondern mit einem in sich ruhenden Denkorgan.

4. ANTRIEB UND ANREGUNG

Alles im Fluss

„Bei den meisten Menschen ist die Ruhe nichts als Erstarrung und die Bewegung nichts als Raserei."
EPIKUR

Die Beweglichkeit gehört zu den elementaren Gesetzen des Lebens, so dass die Natur einem ständigen Werden und Vergehen unterliegt. Gut biblisch werden Dürre und Regen, Saat und Ernte, Sommer und Winter nicht aufhören, solange die Erde besteht. „Man kann nicht zweimal in denselben Fluss steigen, denn andere Wasser strömen nach", bemerkt Heraklit.

Auch der Mensch verändert sich stets, so dass er sich nie im gleichen Zustand befindet wie am Tag zuvor. Bis zum letzten Atemzug beeinflussen Stoffwechsel, Atmung und Kreislauf den Körper. Das Zusammenleben beruht auf einer permanenten Anpassung und ist ohne einen lebendigen Austausch nicht denkbar.

Inmitten dieses veränderlichen Milieus bildet das Gehirn keine Ausnahme. Es sortiert alte Bestände aus und ersetzt sie durch neue Erkenntnisse und Erfahrungen. Die Gedanken fließen wie frisches Wasser, so dass es einer sprudelnden Quelle gleicht. Störungen können sich nicht festsetzen und Blockaden haben nicht mehr das letzte Wort.

Wenn das Gehirn jedoch vor Angst wie gelähmt erscheint oder sich verkrampft, benötigt es einen Anstoß. Dehnungen dienen nicht nur der Präsenz des Gehirns, sondern lockern auch dessen Verkrampfung. Es wird elastisch und durchlässig und nimmt die sozialen Herausforderungen wieder an. Indem wir seine Aktivitäten wechselweise anhalten und wieder anregen, üben wir seine Geschmeidigkeit.

Durch die Bewegung entsteht etwas Neues, z. B. ein neues Miteinander. Wollen wir schwimmen, müssen wir uns bewegen, sonst gehen wir unter wie ein Stein. Das gilt auch für das Schwimmen im menschlichen Milieu. Allmählich verlieren wir unsere Berührungsängste, so dass es Spaß macht, in das nasse Element zu springen und uns zu erfrischen.

Wer befürchtet, die geistigen Kräfte könnten für das Miteinander kaum ausreichen, kann sich beruhigt zurücklehnen. Energie ist in Hülle und Fülle vorhanden. Allerdings entfaltet sie sich zur falschen Zeit, am falschen Ort und am falschen Objekt. Nachts und im Bett etwa fließt sie so üppig für depressive Szenen, dass sie den Schlaf raubt und einen schier umbringt. Aber wir müssen uns nicht länger sinnlos verausgaben, wir können die Energie auch bewusst anhalten und auf lohnenswerte Ziele lenken.

Im Rhythmus von Herz und Lunge

„Der Atem sollte in uns eingehen wie edle Perlen,
dann gibt es keine Stelle, die er nicht erreichen könnte."
WANG CHUNG-YÜ

Da Herz und Lunge im ganzen Körper zu spüren sind, von den Fuß- bis zu den Fingerspitzen, können diese Organe auch das Gehirn beleben. Jeder Herzschlag und jeder Atemzug regen es an und verhindern eine Blockade.

Wird in einem Gedankenspiel das Herz in der Hirnmitte platziert, können die beiden Herzkammern in etwa den Platz des Thalamus im Zwischenhirn einnehmen. Das Denkorgan verfügt dann über einen Rhythmus aus Zusammenziehen (Systole) und Erschlaffung (Diastole).

Das Herz in der Brust schlägt etwa achtzigtausendmal am Tag, an diesem Wert kann sich auch das zerebrale Herz orientieren.

Ebenso kann mit Hilfe der Vorstellung die Lunge ihren Standort ändern, so dass sie in das Gehirn gleitet. Dabei können sich die beiden Lungenflügel rechts und links in den Hemisphären verteilen. Es entsteht eine Hirnatmung, die wie das Herz auf dem Prinzip von Zusammenziehen und Erschlaffung beruht.

Die Verlagerung von Herz und Lunge stellt nicht nur eine Verbindung zum Denkorgan her. Die Methode erlaubt auch einen Zugriff auf die Bereiche in der Hirnmitte, die das Unbewusste vertreten. Wir sind den sozialen Ängsten nicht mehr ausgeliefert, sondern können die Kraftquellen in der Brust anzapfen, wenn wir sie vorübergehend in das Gehirn verlagern. Die Möglichkeiten, zum Vorteil des Miteinanders das Unbewusste bewusst zu beeinflussen, sind jedenfalls realistischer als zunächst angenommen.

Auf- und abfahren

„Bitte nicht um eine leichte Bürde -
bitte um einen starken Rücken."
THEODORE ROOSEVELT

Die Angst vor den anderen lässt das Gehirn scheinbar in einen Schacht stürzen, bei dem es sich um den Kanal der Wirbelsäule handelt. Die Umgangssprache kennt den Zustand und beschreibt ihn mit den Worten: „Das Herz ist mir in die Hose gerutscht." Die heftigen Verkrampfungen des Halses und des Schultergürtels können insoweit als Versuch gedeutet werden, die Katastrophe aufzuhalten.

Besser kommen wir mit dem Absturz zurecht, wenn wir den Drang in die Tiefe bewusst zulassen. In der Tiefe ist das Denkorgan dem sozialen Stress entzogen, so dass es sich in einer Sicherheitszone befindet, von wo aus es das Miteinander leichter bewältigen kann. Da es jedoch wenig Sinn macht, dass das Denkgerät auf Dauer in der Tiefe bleibt, holen wir es allerdings auf dem gleichen Weg wieder in die Anfangsstellung zurück.

Eine Variante dieser Übung besteht in Bewegungsabläufen, die in vier Schritten ein in die Länge gezogenes X darstellen:

1. Die Vorstellung kreist um eine Gehirnhälfte, z. B. um die rechte.
2. Dann fährt sie die Wirbelsäule hinab zum Steißbein und bewegt sich um die gegenüberliegende linke Gesäßhälfte.
3. Sie steigt die Wirbelsäule empor und umrundet die linke Hemisphäre.
4. Erneut fährt sie über die Wirbelsäule zum Steißbein hinab, von dort umkreist sie die rechte Gesäßhälfte.

Es ist das Rückenmark im Kanal der Wirbelsäule, das diese Bewegungsabläufe ermöglicht. Wer sein Gehirn auf dieser Schiene bewusst nach oben und unten begleitet, macht es zu einem Fahrstuhl. Die Stationen, die es anfährt, richten sich nach den sieben Chakren (Energiewirbel) an Scheitel, Stirn, Hals, Herz, Oberbauch, Unterbauch, Damm.

Wenn wir den Kopf zügig nach unten und oben schicken, erhöhen wir die geistige Beweglichkeit und die Qualität des Miteinanders. Als angenehmer Nebeneffekt dehnt und streckt sich die Wirbelsäule und deren Anregung aktiviert auch die Arme und Beine. Das muntere Auf und Ab lässt zusammenwachsen, was zusammengehört, nämlich den Kopf und den Rumpf, das Ich und das Du.

Gehirnspiele

*„Ein ungeübtes Gehirn ist schädlicher für die Gesundheit
als ein ungeübter Körper."*
MARK TWAIN

Nach einer britischen Studie erleichtert das Gedächtnistraining nur die
Bewältigung von bereits geübten Aufgaben. Auf die allgemeine Intelligenz hat es jedoch keinen Einfluss (Medical Research Council der
Universität Cambridge in Zusammenarbeit mit BBC, in *Nature*, April
2010).

Dagegen erhöhen Gehirnspiele die Leistungsfähigkeit ganz allgemein
und damit die Chancen auf ein befriedigendes Miteinander. Mit ängstlichen Verformungen haben die Gehirnspiele nichts zu schaffen. Die
bewusste Ausführung garantiert vielmehr, dass die Module des Denkapparats ihre natürliche Gestalt bewahren. Zudem erfolgt am Ende der
Spiele auch stets die Rückkehr in die natürliche Ausgangsstellung.

Diese Art Zeitvertreib ist vergnüglicher, als vor Angst wie gelähmt zu
sein. Dabei wird das Denkorgan in der Vorstellung zu einem Spielgerät,
etwa einem Ball. Wir werfen ihn in die Luft, lassen ihn vom Boden
abprallen oder spielen ihn anderen zu und stellen so das Miteinander her.

Speziell die Hemisphären bieten Möglichkeiten des Spielens. Sie lassen sich beispielsweise seitlich auseinanderklappen und wieder mittig
anordnen. Oder eine Hälfte verschiebt sich unabhängig von der anderen
vertikal nach oben und unten. Auf dem Balken, der die Hirnhälften verbindet, kann man wie auf einer Schaukel hin und her schwingen.

Doch wir erreichen auch die Areale unterhalb des Endhirns. Die
Module des limbischen Systems bieten Bögen, Brücken, Schalen, Kerne,
Hörner, Hügel, Vertiefungen, Verbindungen, Kammern. In diesem bizarren Höhlenlabyrinth macht es Freude, umherzuklettern.

Wenn die Phantasie eine 8 beschreibt – von der Stirn zum Kleinhirn,
vom oberen Scheitellappen bis zum unteren Hirnstamm und von einem

Schläfenlappen zum anderen -, fließt die Energie jedes Mal durch die Kopfmitte und regt auf diese Weise unbewusste Areale an.

Damit nicht genug. Die Hirnenergie, die sich zurückzieht, scheint nach dem subjektiven Empfinden auf eine Betonwand zu prallen. Doch wenn wir ihren Weg bewusst nachzeichnen, trifft sie nicht auf Beton, sondern auf das Zwischenhirn, das sie dankend annimmt und an die benachbarten Bezirke weitergibt.

Sogar die Amygdala (Mandelkern), der eigentliche Sitz der Angst, lässt sich günstig beeinflussen. Auch sie wird zunächst lokalisiert und bildlich vorgestellt, damit sie sich nicht ängstlich auflöst. Durch den materiellen Bezug wird die Störung konkret und hört auf, eine anonyme Macht zu sein, die ihr Opfer in eine Zwangsjacke steckt.

Um sie beweglich zu halten, können wir die Amygdala in der Vorstellung hüpfen, kreisen, tanzen lassen. Oder wir verschieben sie nach links und rechts, nach vorne und hinten, nach oben und unten. Wiederum ziehen wir eine 8 um das paarweise vorhandene Organ. Die Übungen machen den Mandelkern vom Zentrum der Feigheit zum Zentrum des Mutes.

Nach getaner Arbeit

„Wie nutzlos, durch dieses Leben zu wandern,
wär's nicht die Brücke zu einem andern."
Friedrich von Bodenstedt

Mit der Präsenz, der Festigkeit und der Beweglichkeit ist die Restaurierung des Gehirns abgeschlossen. Es hat zu seinem Urzustand zurückgefunden, so dass es sich wieder im Gleichgewicht befindet. Weder arbeitet es zu schnell noch zu träge, es beherrscht sich, ohne zu erstarren, und es hat Spaß an der Bewegung, ohne sich aufzulösen.

Wie ein fruchtbarer Boden eine gute Ernte hervorbringt, so auch das neue Gehirn. Indem es geistige Klarheit und Selbstbewusstsein verleiht, sorgt es für ein Gefühl der Zufriedenheit. Es glänzt mit einer verbesserten Zuverlässigkeit und Leistungsfähigkeit. Dabei macht es nicht kopflastig, vielmehr vertieft es die Gefühle, die auch im Kopf entstehen.

Der Anschluss ist das schönste Geschenk des neuen Denkgeräts. Wann immer wir uns in Gesellschaft befinden, stellt es, einer Stimmgabel gleich, Schwingungen zu den anderen her. Und das Beste daran ist: Auf die angenehme Wirkung müssen wir nicht warten, bis wir alt und grau sind.

Das alte Gehirn gleicht einer trostlosen Gegend voller Geröll und Dornengestrüpp. Nachdem wir das Feld beackert und neu angelegt haben, erscheint es wie ein Paradiesgärtlein. Es wird zu einer Landschaft mit blühenden Bäumen und Sträuchern, und über allem liegt eine heitere und friedliche Stimmung.

TEIL III

Das Phänomen Angst
oder:
Der große Bluff

1. WAHNHAFTE PHOBIE

Aus den Fugen

„Wahrlich, der Mensch ist ein seltsam wahnhaftes,
hin und her schwankendes Wesen."
MICHEL DE MONTAIGNE

Wenn der Mensch ahnt, dass die Angst auch ihre guten Seiten hat, etwa als Energielieferant und Ideengeber, kann er der Versuchung erliegen, sie exorbitant zuzulassen. Vielleicht, man kann es ja einmal probieren, bekommt er den ultimativen Kick, der ihn zur gesellschaftlichen Kompetenz einschließlich der freien Rede befähigt. Seiner Akzeptanz stünde dann nichts mehr im Weg.

Am Anfang ist er noch davon überzeugt, dass er das Experiment jederzeit abbrechen kann, sollte es ihm über den Kopf wachsen. Doch es ergeht ihm wie dem Zauberlehrling, der die Geister, die er rief, nicht mehr loswird. Am Ende hat er nicht seine Ketten gesprengt, sondern ist der Angst in Gestalt einer sozialen Phobie untertan.

Die Phobie wirkt wie eine zerstörerische Krankheit. Für das Gehirn bedeutet sie Stress, und Stress ist Gift für das Denken. Gleichzeitig verringert sie die Intensität des Gefühlslebens. Den Hals blockiert sie wie mit einem Pfropfen und erschwert damit das Reden. Nicht zuletzt ist sie in der Lage, den Körper zu verunstalten.

Der Fremdbestimmung unterworfen, verliert die Persönlichkeit ihre Würde. Sie wird zur Karikatur, bleibt ohne Ansehen und Einfluss, sieht sich immer wieder peinlichen Situationen ausgesetzt. Die Anweisungen der Angst führt sie aus, obwohl von deren Richtigkeit nicht überzeugt, und nur wenn sie sich unterwirft und den Kettenhund spielt, bekommt sie ab und zu Luft zum Atmen.

Als Folge treibt die Phobie auch im Miteinander ihr Unwesen. Dem partnerschaftlichen Glück steht sie ebenso im Wege wie beruflichen und sonstigen Begegnungen. Sie eignet sich einzig und allein als groteskes und unerwünschtes Bollwerk gegen die Umwelt. Somit gibt es neben der körperlichen und der geistigen Behinderung als dritte die soziale Behinderung.

Permanent durchkreuzt die Phobie die Zukunft und das Lebensglück. Die Zuversicht schafft sie ab, stattdessen regiert die Hoffnungslosigkeit. Dabei verlaufen die Lebensphasen nicht linear und harmonisch, sondern verschieben sich und zerfallen in vereinzelte Episoden. Nichts kann man als erledigt betrachten, nicht einmal die Wohnungssuche, so dass den Betroffenen ein Gefühl des Unbehaustseins begleitet.

Obwohl sich die Phobie als eine Schicksalsmacht aufspielt, muss niemand einen Kniefall vor ihr machen. In Wirklichkeit blufft sie, denn sie ist überflüssig und entbehrlich. Sie taugt nicht einmal zu einer Sublimierung, etwa in dieser Art: „Das Schicksal hat mir diese Prüfung auferlegt, damit ich daran reife." Daher hat sie nicht den geringsten Anspruch darauf, die absolute Herrschaft über Leib und Leben auszuüben.

Das Pendant zum Größenwahn

„Es gibt eine Bescheidenheit,
die an Größenwahn grenzt."
EMANUEL WERTHEIMER

Das geringe Selbstbewusstsein ist eine der besten Voraussetzungen für soziale Angststörungen. Bei einem Phobiker sinkt das Selbstbewusstsein ins Bodenlose, so dass Parallelen zum Größenwahn bestehen, der ebenfalls jede Bodenhaftung verliert. Wie weitere Gemeinsamkeiten belegen, sind der Wahn vom Kleinsein und der Größenwahn die beiden Seiten einer einzigen Medaille:

- Beide Formen verfehlen das Miteinander. Der eine Wahn schießt in der Höhe über die Anbindung hinaus, der andere begibt sich demütig in die Unterwelt, indem er auf das Selbstbewusstsein und die Selbstbehauptung verzichtet.
- Beide verfolgen nicht das „Gute, Wahre, Schöne" (J. W. von Goethe). Anstatt sich an den Blüten des Lebens zu erfreuen, zerstören sie den Menschen.
- Beide halten sich nicht an die geistige Klarheit und Ordnung, sondern sind irrational wie ein Verfolgungswahn, Eifersuchtswahn oder religiöser Wahn.
- Beide Menschentypen verkennen ihre persönlichen Fähigkeiten. Der Größenwahnsinnige überschätzt sie maßlos und meint, alles sei für ihn machbar, für den anderen scheint nichts erreichbar. Der eine hält sich für unbesiegbar, der andere für jederzeit und von jedermann besiegbar.
- Aufgrund ihrer unrealistischen Einstellung scheitert der Größenwahnsinnige ebenso grandios wie jemand, der sich in absurder Weise erniedrigt. Bis zum Untergang hat Ersterer allerdings mehr vom Leben.

Wenn sich der Wahn von der eigenen Bedeutungslosigkeit und der Größenwahn wechselweise ablösen, geht das Leben auf und ab, aber nicht vorwärts. Und doch gibt es einen Trost: Wie der Größenwahnsinnige sich größer macht als in Wirklichkeit, ist der Unterwürfige auch nicht so klein, wie er sich einbildet, und die neue Realität lässt hoffen.

In Sicherheit?

„Die Botschaft hör' ich wohl,
allein mir fehlt der Glaube."
Johann Wolfgang von Goethe

Die soziale Phobie gleicht einer variablen Wand, die sich zwischen dem Betroffenen und der Umgebung schiebt. Gegenüber harmlosen Zeitgenossen ist sie relativ dünn, so dass sie einem Paravent oder einem Glashaus ähnelt. In Kontakt mit schwierigen, attraktiven oder prominenten Personen erscheint sie jedoch wie aus Beton gemauert. Und eine Gruppe, der man etwas mitteilen will, verdichtet die Barriere entsprechend ihrer Mitgliederzahl.

Die Trennvorrichtung soll dem persönlichen Schutz dienen wie eine Panzerung. Auch ohne einen aktuellen Auslöser lohnt es sich, wenigstens eine dünne Wand stets vor sich her zu tragen. Man weiß ja nie, wer demnächst vorbeikommt, und muss ständig auf der Hut sein.

Dem vernünftigen Ich ist die Trennwand ein Graus, doch für das unvernünftige Ich verfügt sie über einige Funktionen, die nicht zu verachten sind:

- Aufgrund der jahrelangen Bekanntschaft mit der Störung vermittelt sie das Gefühl von Vertrautheit. Ein Leben ohne sie wäre ziemlich ungewohnt und irgendwie befremdlich.
- Sie entbindet von den Mühen und Risiken der Selbstverwirklichung.
- Mit einem maroden Innenleben kann man sich keinesfalls unter die Leute begeben, das sieht wohl jeder ein. Offenbar dient sie dem Zweck, Bloßstellungen zu vermeiden.
- Es erübrigt sich, die scheinbar schwierige Kunst des Miteinanders zu erlernen.
- Ist es nicht auch praktisch, keine Ansprache halten oder sich auf andere Weise profilieren zu müssen?

- Für alle Misserfolge in der Ausbildung, in der Partnerschaft und in sonstigen Beziehungen bietet die Störung eine wohlfeile Entschuldigung.

Welch ein verhängnisvoller Trugschluss! Wie alle positiven Erwartungen, die sich an die Phobie knüpfen, ist auch die Hoffnung auf mehr Sicherheit abwegig. Wer sich hinter ihr versteckt, zeigt vielmehr seine Schwäche in aller Öffentlichkeit. Das ohnehin nicht immer einfache Miteinander wird unnötig erschwert oder ganz unmöglich. Würde sich die Person mutig in die Umwelt hineinbegeben und sich mit ihr auseinandersetzen, sie wäre achtsamer sich selbst gegenüber.

Im Gefängnis

„Mache deine Gedanken nicht zu deinem Kerker."
WILLIAM SHAKESPEARE

Während sich die Erwartung an die Sicherheit als eine Nullnummer erweist, entspricht die Funktion der Trennmauer als ein Gefängnis den Tatsachen. Das Gute, das sich der Mensch von der Wand erhofft, also Schutz, tritt nicht ein, das Schlechte, das er nicht will, also die Begrenzung, verwirklicht sich.

Das imaginäre Gefängnis kann die sonderbarsten Formen annehmen. Es kann wie ein Labyrinth aussehen oder wie ein kreisrunder Tunnel ohne Eingang, Ausgang und Licht. Mit der Zeit ähnelt es immer mehr einem Kerker mit angegliederter Folterkammer, und elektrisch geladene Drähte vereiteln jeden Fluchtversuch.

Im Übrigen verfügt es über eine niederträchtige Konstruktion. Mit scheinbar unüberwindlichen Mauern schließt sich der Insasse ein, so dass seine Kontaktunfähigkeit einem Alptraum gleicht. Er möchte auf die anderen zugehen, steckt jedoch fest und kommt nicht voran.

Dagegen können die anderen sein Verlies beliebig betreten. Sie hausen wie die Vandalen und zertrümmern sein Innenleben. Am Ende verschwinden sie nicht, ohne Angst vor weiteren Überfällen zu hinterlassen.

Trotz ihrer hemmenden Funktion gibt sich die phobische Trennwand dreist als Durchgang aus, indem sie verspricht: „Wenn es dir gelingt, mich zu überwinden, fallen dir Freundschaften, Anerkennung und nützliche Beziehungen einfach in den Schoß." Es ist wie in der alten Sage: Zuerst muss der Held den Drachen töten, dann bekommt er die Prinzessin und das Königreich.

Eher werden Märchen wahr als die Verheißungen der Phobie. Eine Wand ohne eine Tür ist ein undurchdringliches Hindernis, eine gemauerte ebenso wie eine wahnhafte. „Da musst du durch", lautet zwar die Empfehlung für jemanden, der sich in einer schwierigen Lage befindet, aber hier klingt sie zynisch.

Die eigene Unvollkommenheit ist schon Gefängnis genug, es bedarf wahrlich keiner Phobie, die die persönlichen und sozialen Möglichkeiten zusätzlich einschränkt. Also fort damit. Niemand kann uns daran hindern, die psychosoziale Gefängniszelle zu verlassen, denn wir haben sie selbst errichtet.

Schmerzen

„Der Schmerz ist der bellende Wachhund der Gesundheit."
HOMER

Schmerzen haben auch eine positive Funktion. Sie machen auf eine Erkrankung aufmerksam und warnen vor Gefahren, etwa vor möglichen Verbrennungen. Im akuten Fall veranlassen sie eine umgehende Versorgung. Dagegen haben sie im Falle eines chronischen Verlaufs ihre Schutzfunktion verloren, so dass der Mensch langfristig Schmerzpatient bleibt. Allerdings ist die Intensität nicht messbar, denn sie wird stets subjektiv empfunden.

Von der Phobie ausgelöste Schmerzen sind nichts für Leidensscheue. Die Intensität ist sehr stark, sonst würde die Person nicht innerlich brüllen. Sonst würde sie nicht himmlischen Schutz anrufen wie in höchster Not. Sonst würde eine innere Stimme nicht immer wieder heftig protestieren: „Hör auf, du tust mir weh, du tust mir entsetzlich weh."

Wenn die Phobie das Gehirn zu amputieren scheint, entsteht die Trauer über den Verlust. Löst es sich auf oder verhärtet es sich, entstehen ebenfalls schmerzhafte Empfindungen.

Seelenschmerzen werden etwa verursacht durch Einsamkeit, Peinlichkeiten, Befürchtungen, Trennungen, Ärger, Aggressionen, eine misslungene Karriere, Beziehungsschwierigkeiten, Gefühle der Niedergeschlagenheit und andere negative Emotionen.

Gemauerte und innere Gefängnisse lösen Gefängnisschmerzen aus. Die qualvolle Enge erinnert an den Verlust der Freiheit. Man kann das Dasein nicht nach Belieben gestalten, sondern lebt mit zahlreichen Entbehrungen. Man vermisst die freie Wahl seiner sozialen Bezüge, stattdessen muss man mit unangenehmen Zeitgenossen zusammenwohnen. Nicht zuletzt schmerzen die verlorene Lebenszeit sowie die verhinderte Selbstverwirklichung.

Es besteht jedenfalls kein Grund zur Annahme, dass man sich mit einer Phobie keine Schmerzen zufügt, nur weil kein Knochenbruch vorliegt und kein Blut fließt. Wie körperliche Verletzungen wollen auch die Angstschmerzen geheilt werden, vor allem durch eine bessere Beziehung zur Umwelt.

2. NATÜRLICHE ANGST

Überflüssiges abstoßen

„Kein Wissen scheint schwerer zu erwerben als die Erkenntnis,
dass man aufhören muss."
JONATHAN SWIFT

Mit der sozialen Angst verhält es sich wie mit einem Flirt. Man kann sie kennenlernen, aber man muss sich nicht in sie verlieben, geschweige ihr die Treue halten. Das Leben erscheint mit einer Sozialphobie doppelt schwierig, so dass es nichts Wichtigeres als die Beseitigung des Übels gibt. Die weiteren Herausforderungen können warten, denn sobald das Hauptziel erreicht ist, erfüllen sich viele andere Wünsche von allein.

Doch wie drängen wir die Angst zurück? Wenn wir uns selbst nachts und in der Freizeit mit dem Problem beschäftigen, werden wir zu Besessenen. Dann erweist sich der Schwur, nicht nachzulassen, bis die Störung ausgerottet ist, als ewiges Verhängnis.

Die Phobie kommt nicht vom Intellekt, daher geht sie nicht mit dem Intellekt. Selbst eine an Genialität grenzende Klugheit vermag nichts auszurichten. Je heftiger die Phobie angegriffen wird, desto mehr entzieht sie sich dem Zugriff, so dass sie auch in Jahrzehnten scheinbar unangetastet bleibt.

Wir können nur aufhören. Im Gegensatz zum sinnlosen Ungestüm tun wir uns etwas Gutes, wenn wir nichts tun. In diesem Falle hat das Sprichwort „Ohne Fleiß kein Preis" seine Gültigkeit verloren, denn beim Aussteigen können wir nicht fleißig genug sein.

Als ein Produkt des Geistes lässt sich die Phobie mit einem Gedanken gleichsetzen, und zwar mit einem untauglichen, den wir nicht behalten sollten. Wir können ihm den Zutritt zu unserer Seele untersagen, zu unserer Wohnung und erst recht zu unserem Bett. „Vergiss es", sagen wir salopp, wenn wir jemanden auffordern, etwas Unwichtiges zu übergehen. Die Abschaffung der unnatürlichen Angststörung läuft nicht wesentlich anders ab.

Führen wir der Phobie keine Nahrung mehr zu, hört sie auf zu existieren. Wir verweigern uns daher den Mechanismen, die sie immer neu erfinden. Wenn wir im Begriff sind, uns an sie zu erinnern, sie zu erwarten, nachzuempfinden, ihren Spuren zu folgen, halten wir inne. Damit unterbrechen wir das seltsame Ritual, sie gleichzeitig auf- und abzubauen.

Auch das bewusste Aufhören fordert unseren Geist heraus, weit mehr als instinktive Störungen, die bezeichnenderweise im Zustand der mentalen Erschöpfung am besten funktionieren. Allerdings betätigt sich der Geist anders als bisher. Anstatt stur gegen die Angst anzurennen, deaktivieren wir sie mit

- Psychohygiene
- dem Ende des Suchtverhaltens
- mehr Realitätssinn
- dem Verzicht auf imaginäre Trennwände
- der Akzeptanz der Urangst.

Psychohygiene

„Wer sich groß verfehlt, hat auch große Quellen der Reinigung in sich."
CHRISTIAN MORGENSTERN

Eine neue Achtsamkeit fordert uns kompromisslos auf, die Misshandlungen unseres Geistes einzustellen. Wir hören also auf, ihn dürsten oder hungern zu lassen, mit Ängsten zu quälen, ihn zu schlagen und zu treten.

Stattdessen zeigen wir ihm unsere Sympathie und lächeln ihn freundlich an. Wir betrachten ihn als unseren Schutzbefohlenen, für dessen Wohlergehen wir bereit sind, alles zu geben. Denn er verdient mindestens die gleiche Zuwendung wie ein Haustier, die gleiche Sorgfalt wie Geldscheine, die wir vor Verlust sichern, und mindestens die gleiche Pflege wie eine Waschmaschine, deren vorzeitigen Verschleiß wir verhindern.

In der Vergangenheit hat sich viel geistiger Unrat in Form von missglückten Begegnungen angehäuft, der zum Himmel stinkt wie der materielle. Dieser Müll bedarf dringend der Entsorgung, unterstützt von jederzeit einsatzbereiten Bildern.

Dabei wird die Phobie ausgeschwemmt, vom Winde verweht, dem Feuer übergeben oder mit Erde bedeckt. Nach der Reinigung erstrahlt das Denkorgan wie eine Kristallkugel. Es ist nicht nur sauber, sondern auch solide, und es läuft wieder rund. In Zukunft achten wir darauf, den Abfall zu reduzieren oder ganz zu vermeiden.

Wir können uns z. B. vornehmen, bei jedem Händewaschen kurz innezuhalten und parallel auch den Geist zu reinigen. Diese Hirnwäsche ist zwar permanent erforderlich, aber allemal wohltuender und sinnvoller, als im Unrat zu ersticken.

Nicht zuletzt verzichten wir auf eine allzu billige Kost, denn eine gesunde Nahrung sorgt für eine gute Verdauung. Schöne Erinnerungen und Erlebnisse stimmen den Geist heiter. Mit reizvollen und zugleich anspruchsvollen Aufgaben bleibt die Spannung erhalten, wobei das Miteinander eine der edelsten unter ihnen ist.

Eine Sucht aufgeben

„Der Geist des Menschen und nicht sein Herr macht ihn zum Sklaven."
SAMUEL JOHNSON

Zunächst mag es befremdlich wirken, Parallelen zwischen einer Sucht und der Angst herzustellen. Doch wer sich immer wieder in die Phobie begibt, erinnert tatsächlich an jemanden, der von einer Abhängigkeit nicht loskommt. Die Ähnlichkeiten sind jedenfalls verblüffend:

- Wie bei einer käuflichen Droge schleicht sich die Gewohnheit an die Phobie harmlos ein.
- Auch der Konsum der Droge Angst steigert sich mit der Zeit, so dass sie letztlich das Gemüt beherrscht.
- Die Angst vergiftet den Geist, den Körper und die Beziehung zur Umwelt wie ein materieller Suchtstoff.
- Wenn der Angst-Blutspiegel nicht stimmt, treten typische Entzugserscheinungen auf, etwa in Gestalt einer kaum beherrschbaren Unruhe.
- Der Abhängige kommt nicht von der Sucht los, sondern muss sie immer wieder befriedigen, sogar in sorglosen Zeiten. Ebenso kann die Angst zu einem unverzichtbaren Element des Daseins werden.
- Wie Alkohol und Nikotin ist auch die Angst nicht lebensnotwendig, sogar schädlich.
- Beide Phänomene versuchen sich der bewussten Kontrolle zu entziehen.

Aufgrund der ähnlichen Eigenschaften können wir die soziale Angst aufgeben wie eine Sucht. Wie wir von einem Tag auf den anderen das Rauchen aufgeben können, so auch die Angst, selbst wenn sie schon lange existiert. Der Widerstand beflügelt jedenfalls mehr als die willenlose Hingabe.

Die Entscheidung fällt klar gegen die Droge Angst und zugunsten des Miteinanders. Der Mensch wird zum überzeugten Angstgegner, der sein

Laster meidet, weil die Phantasie ihm seinen wahrscheinlichen Untergang ausmalt. Zwar kann die Versuchung jederzeit zurückkehren, aber er muss ihr nicht nachgeben, sondern kann eine normale Beziehung zur Umwelt pflegen.

Wahn und Wirklichkeit

„Einen Wahn zu verlieren macht weiser,
als eine Wahrheit zu finden."
LUDWIG BÖRNE

Die soziale Phobie ist real, sie ist nicht erfunden und für den Betroffenen eine Quelle des Unbehagens. Auch die anderen können sie leicht erkennen, wobei das Aussehen, die Stimme sowie die geistigen und körperlichen Symptome sie verraten.

Doch die Grundlagen der Phobie sind wahnhaft. Die Selbstwahrnehmung z. B. ist insofern unrealistisch, als sich die Person weit unter Wert verkauft. Sie empfindet sich als Projektionsfläche einer Vielzahl von gegenstandslosen oder maßlos übertriebenen Defiziten.

Auch die Sicht auf die Umwelt lässt den nötigen Realitätssinn vermissen. Diese ist nicht die zähnefletschende Meute, jederzeit bereit, über ihr stolperndes Opfer herzufallen.

Anderseits zerfließt das Umfeld nicht vor Mitleid, so dass der erhoffte Krankheitsgewinn spärlich ausfällt. Liegt die geistige Verfassung eines Menschen etwa nicht in dessen eigener Verantwortung? Daher zieht die Karawane des Lebens an dem äußerlich intakten Phobiker vorüber.

In der sozialen Wirklichkeit findet die Phobie keinerlei Anerkennung. Niemand will sie hören, sehen, erleben, niemand findet sie großartig oder nachahmenswert. Vielmehr wirkt sie abstoßend wie ein Hautausschlag. Die Umwelt hütet sich, ihr zu nahe zu kommen, lieber lässt sie sich von Geselligkeit, Humor und Gelassenheit anstecken.

Ebenso wenig gehört die Störung zu den anerkannten Überlebensstrategien. Von keinem pädagogischen, psychologischen oder philosophischen System der Welt wird sie empfohlen, von keinem Arzt und von keinem Ratgeber.

An der Diskrepanz zwischen Schein und Sein kann der Hebel ansetzen. Die Wirklichkeit ist zwar auch nicht immer leicht zu ertragen, aber dennoch angenehmer als ein geistiger Irrweg. Wenn wir sie einmal aus den Augen verlieren, ist es daher besser, wieder für eine bessere Verankerung zu sorgen. Somit erfüllen auch die Vernunft und die Wirklichkeitsnähe das Gebot der Achtsamkeit.

Trennwände einreißen

„Verbringe nicht die Zeit
mit der Suche nach einem Hindernis.
Vielleicht ist keines da."
FRANZ KAFKA

Beim Aufhören verzichten wir nicht zuletzt auf die geistige Mauer, die sich zwischen das Ich und die anderen schiebt, sicherheitshalber garniert mit einem imaginären Stacheldraht.

Für die Beseitigung dieser Mauer gibt es wahrlich genug Gründe. Das ganze Leben ist beeinträchtigt und eingeschränkt. Wer sich schutzsuchend daran festhält, verliert jeden Schutz. Wer die Unabhängigkeit erwartet, landet in einem Freiluftgefängnis, das nur einen begrenzten Auslauf gewährt.

Es ist daher ein Gebot der Achtsamkeit, mit dem Mauerbau aufzuhören. Wir geben es auf, sie im Nu hochzuziehen, sobald wir uns unter die Leute begeben. Indem wir uns beharrlich von ihr distanzieren, erklären wir den Bankrott der Phobie als Überlebensstrategie.

Erfreulicherweise ist es relativ leicht, die Mauer einzureißen. Im

Gegensatz zu einer materiellen Mauer existiert sie nur in den Köpfen. Sie beruht auf einer subjektiven Marotte, die, objektiv betrachtet, keinen Bestand hat.

Der Verzicht auf die Wand vertreibt die engherzige und engstirnige Einstellung. Zwar birgt die Öffnung nach außen mehr Risiken, aber gleichzeitig wachsen unsere Kräfte. Wir werden wagemutiger und treten erhobenen Hauptes hervor. Mehr Dynamik erhält auch das Miteinander, denn wir entwickeln uns vom Einzelgänger zum sozialen Wesen. Die Angebote jenseits der Mauer sind jedenfalls überwältigend.

Die Urangst

„Es kommt nicht darauf an, mit dem Kopf durch die Wand
zu rennen, sondern mit den Augen die Tür zu finden.“
Werner von Siemens

Wenn wir die Phobie ablegen, leben wir nicht ohne Angst. Vielmehr sehen wir uns mit zahlreichen Dingen konfrontiert, die uns Angst einflößen, wobei es sich allerdings um konkrete Anlässe handelt. Auch sonst ist sie kaum wiederzuerkennen. In Gestalt der Urangst ist sie natürlich, elementar, Teil der Evolution, selbst Tiere kennen sie. Die völlige Abwesenheit von Angst bedeutet daher eine Verirrung und eine psychische Störung.

Umgangssprachlich drücken die Phobie und die Urangst ungefähr dasselbe aus. In diesem Sinne gäbe es nur einen graduellen Unterschied, und die Phobie wäre die Steigerung eines Grundgefühls. Doch zwischen den beiden Phänomenen liegen Welten. Wer unter einer Flugangst leidet, wird trotzdem die Maschine besteigen, wann immer nötig, was jemandem mit einer Flugphobie unmöglich ist.

In zahlreichen existenziell wichtigen Angelegenheiten erweist sich die Urangst als unverzichtbar:

- Sie rät etwa zur Vorsicht und warnt vor Gefahren. Ihren Hinweisen folgend schnallen wir uns beim Autofahren an, meiden eine dunkle Gasse und zeigen Wertsachen nicht in der Öffentlichkeit. Langfristig treffen wir Vorsorge, indem wir gesund leben, Ehrgeiz entwickeln oder eine Versicherung abschließen.
- Bei einer plötzlich auftretenden Bedrohung gewährt die Urangst ausreichend Zeit, um die Herausforderung abzuschätzen und vernünftig zu reagieren. Anstatt panisch gegen die Wand zu rennen, bleiben wir handlungsfähig und überlegen, was zu tun ist.
- Anders als die Phobie fördert die Urangst das persönliche Wachstum, denn sie legt verschüttete Ressourcen frei, inklusive Verständnis, Einfühlungsvermögen und Selbstbewusstsein.
- Vor allem trennt die natürliche Angst nicht rigoros von der Umwelt, denn trotz Schüchternheit und Befangenheit lässt sie Beziehungen zu. Bei Begegnungen befürchten wir nicht mehr, besonderen Ansprüchen genügen zu müssen. Wir sind uns zwar bewusst, ein bisschen auf dem Prüfstand zu stehen, aber das wird wechselseitig erlebt.

In Gestalt der Urangst verliert die Angst ihren schlechten Ruf. Während die Phobie uns zerstört, geht die Urangst achtsam mit uns um. Mit ihren zahlreichen Angeboten tritt sie als eine gute Ratgeberin auf, so dass kein Grund besteht, sie zu bekämpfen.

In der Wirklichkeit eingebettet, ist die Urangst auch stärker als die Phobie. Somit ist sie in der Lage, den scheinbar übermächtigen Doppelgänger zu neutralisieren. Indem wir uns mit ihr verbünden, werden wir in die Lage versetzt, uns gegen die wahnhafte Störung zu behaupten

Aus der Haft entlassen

„Jede Freiheitsbewegung verändert ihren Charakter,
wenn sie von der Utopie in die Realität übergeht."
KARL MARX

Wenn sich hinter ihm die Gefängnistore schließen, steht der frisch Entlassene auf der Straße und weiß nicht recht, was er mit seiner Freiheit anfangen soll. Er weiß nur, dass er nicht wieder in den Bau zurückwill.

Wie für einen Exhäftling sieht auch für einen Exphobiker das Leben nicht unbedingt rosig aus. Jedenfalls kommt er nicht in eine heile Welt, in der es keine Gehässigkeiten und Schikanen gibt. Nach wie vor erzeugt sie genug Spannung und Situationen, in denen er sich bewähren darf.

Auch für die Persönlichkeit ergeben sich allein aus der Abwesenheit der Phobie keine herausragenden Fähigkeiten. Die typischen Eigenheiten, alle Stärken und Schwächen bleiben vielmehr erhalten und bilden die Lebensgrundlage. Der Mensch erlangt jedenfalls keine Vollkommenheit.

So selbstverständlich wie die Umwelt die Beziehungsfähigkeit voraussetzt, so bescheiden ist der Lohn. Wir können nicht automatisch Anerkennung oder Zuneigung erwarten. Das Schicksal überschüttet uns nicht plötzlich mit Reichtum, Ruhm und Ehre und die Masse nicht mit donnerndem Applaus.

Stattdessen dürfen wir erwarten, dass unsere elementaren Bedürfnisse befriedigt werden. Wir können darauf vertrauen, dass unser Denken nicht entgleist, nur weil wir uns in Gesellschaft befinden. Aus dieser Sicherheit heraus können wir dann unser Leben neu gestalten.

Das Alleinsein hat ein Ende, weil wir uns vernetzen und austauschen können. Der Partnerschaft kommt das neue Wir-Gefühl ebenso zugute wie dem erweiterten Umfeld und dem Berufsleben. Dabei geht es nicht unbedingt um ernsthafte Dinge, man kann mit den anderen auch singen, tanzen, feiern. Für jemanden, der sich der Gemeinschaft nicht immer erfreuen konnte, sind das keine Kleinigkeiten.

Im Übrigen muss nicht unbedingt der Lohn im Vordergrund stehen, wir können auch ans Geben denken. Wenn wir eine Phobie abgelegt haben, stehen wir jedenfalls nicht mit leeren Händen da, sondern können liefern. Ausreichend stabilisiert, sind wir in der Lage, unseren Beitrag zur Gemeinschaft zu leisten, und sei er noch so geringfügig.

3. VON DER REDEPHOBIE ZUM LAMPENFIEBER

Eine dominante Erscheinung

„Ihr sollt euch keinen Götzen machen."
3. MOSES 26.1

Die Sozialphobie und die Redephobie bilden eine Einheit wie die Maul- und Klauenseuche, so dass sich der neue Umgang mit der Angst anhand der Redestörungen exemplarisch darstellen lässt.

Verbale Ängste spiegeln sich in einer verringerten Sprechfähigkeit, so dass unter Umständen kein brauchbares Wort ertönt. Wer krächzt, stottert oder lallt wie ein Betrunkener, hat es schwer, Beziehungen herzustellen. Die Person fühlt sich peinlich berührt, wenn sie ausgerechnet beim mündlichen Ausdruck von ihrer Gewohnheit abweicht, folgerichtig zu denken und zu handeln.

Andererseits: Bietet sich die Phobie nicht auch als Bollwerk gegen die Umwelt an? Man kann keine Dummheiten sagen sowie sein unsicheres Ich und eine mangelhafte Rhetorik überspielen. Ist es nicht praktisch, dass die Behinderung den Mund absolut sicher verschließt?

Dem vernünftigen Ich erscheint die Störung jedoch wie eine Diktatur, die die Redefreiheit verbietet. Sie allein will darüber entscheiden, ob es zweckmäßig ist, etwas zu sagen, und wenn ja, was. Als ein Fremdkörper im Gemüt kann sie die ganze Existenz überschatten. Sie entbehrt daher jeder Daseinsberechtigung, wir brauchen sie nicht, sie ist nur hinderlich.

Hilfloser Intellekt

„Das Sprechen ist äußeres Denken,
das Denken inneres Sprechen."
ANTOINE DE RIVAROL

Religiös eingestellte Gemüter hoffen, mit der Anrufung überirdischer Mächte die Redephobie in den Griff zu bekommen, doch Wunder ereignen sich relativ selten. „Das Gebet ist eine wunderbare Ergänzung unserer Mühen, aber es wäre ein gefährlicher Ersatz dafür", warnte Dr. Martin Luther King.

Da der Mensch selbst etwas für seine verbale Verbindung tun muss, mobilisiert er, wie üblich, alle seine geistigen Kräfte. Wie er es von seinen sonstigen Problemen gewohnt ist, will er die Phobie bis in die letzten Verästelungen durchdringen und am Ende beherrschen. Für dieses Ziel setzt er sich zu jeder Zeit und an jedem Ort unter Druck: beim Putzen, Lesen, Spazierengehen, im Urlaub und bei der Arbeit; nachts opfert er dafür den Schlaf.

Doch wer das freie Sprechen mit einer übermäßigen Intellektualisierung erzwingen will, erleidet Schiffbruch. Die wahnhafte Angst reagiert nicht auf mentale Anstrengungen, auch nicht auf übermäßige, und selbst in Jahrzehnten weicht sie nicht. Dabei beißt sich der Geist an einer Störung fest, die nie nachgibt und gegen die scheinbar kein Mittel wirkt.

Was wie ein ungewöhnlicher Fleiß aussieht, stellt sich daher als eine Sisyphusarbeit heraus, im schlimmsten Fall als eine lebenslange. Man könnte gut ein zweites Leben damit vergeuden, ohne der Störung auch nur ein Jota zu nehmen und ohne dem Miteinander auch nur einen Schritt näherzukommen.

Im Gegenteil: Je mehr die Ängste unter Beschuss geraten, desto stärker werden sie. Damit verlängert sich die Gefangenschaft immer wieder, so dass die intellektuellen Angriffe sinnlos verpuffen und sogar kontraproduktiv sind.

Aber sollte man gegen die Sprechpanik nicht doch alles Menschenmögliche unternehmen? Wir gehen gegen jeden Schnupfen vor, warum nicht auch gegen ein essentielles Problem?

Eine Erkrankung ist absolut entbehrlich. Sie ist weder das Tor zur Gesundheit noch ein Heilmittel oder eine unverzichtbare Voraussetzung für das Wohlbefinden. Wie die soziale Phobie keine Passage ist zum perfekten Miteinander, so ist auch die Redephobie kein Durchgang zur Ausdrucksfähigkeit, nicht einmal ein Nadelöhr. Wichtig ist vielmehr die Prophylaxe.

Der Phobie den Garaus machen

„Wenn du eine Entscheidung treffen musst und du triffst sie nicht, ist das auch eine Entscheidung."
WILLIAM JAMES

Mit seinen Bemühungen, sich aus den Schlingen der Phobie zu befreien, ergeht es dem Einzelnen wie Josef K. Der Protagonist in Franz Kafkas Roman *Der Prozess* erfährt erst am Ende seines Lebens, dass er vor der falschen Tür gewartet hat. Wäre er einfach fortgegangen, sein Dasein wäre fröhlicher und interessanter verlaufen.

Ähnlich unspektakulär gestaltet sich unsere Rettung. Bauen wir die Angst-Mauer nicht mehr mit Fleiß und perverser Lust auf, müssen wir auch nicht ständig dagegen kämpfen. Das ist leichter gesagt als getan, denn auch das Aufhören will gelernt sein.

Wenn wir die Redeangst als einen absurden Gedanken betrachten, fällt es uns leichter, sie aufzugeben. Dann bleiben uns Peinlichkeiten, wenn nicht gar Ablehnung, aufgrund unseres missglückten Vortrags erspart. Warum sollten wir unsere Kräfte noch länger in ein aussichtsloses Projekt, in einen falschen Weg oder einen Wahn investieren?

Zudem vollzieht sich das Aufhören in Form einer Hirnwäsche. Die

Redephobie bedeutet schlicht eine Trübung des Geistes, so dass er einer Reinigung bedarf. Konkret hören wir mit der Unsitte auf, die Episoden des verbalen Versagens wiederzukäuen.

Nach der Reinigung ersetzen wir die alten Befürchtungen durch die Erinnerung an positive Sprecherlebnisse. Es handelt sich etwa um Situationen, in denen ein inniger Austausch mit einem Partner oder einer Partnerin stattgefunden hat oder in denen wir einen Sachverhalt erfolgreich vermittelt haben.

Redeängste können zur Gewohnheit werden, sogar zur Abhängigkeit, so dass wir sie beenden wie jede andere Sucht. Wir weisen sie kompromisslos zurück und erhalten die Distanz bis zur Eiseskälte aufrecht. Die Störung war einmal eine Episode unseres Lebens, mit der wir ab sofort nichts mehr zu schaffen haben. Das Aufhören erfordert zwar einige Willensstärke, bietet jedoch Perspektiven.

Ferner hört das gespenstische Treiben auf, wenn wir es mit der Wirklichkeit konfrontieren. Real sind die Umgebung und die Unvermeidbarkeit, mit ihr in Beziehung zu treten. Ebenso real sind die Erfordernisse einer gefälligen Kommunikation, unverzichtbar für jede Akzeptanz. In Zukunft widmen wir uns den tatsächlichen Aufgaben, an denen kein Mangel herrscht. Diese zu bewältigen ist auch ohne rhetorische Verirrungen nicht immer einfach.

Analog zur Vertreibung der sozialen Angst weicht die Redeangst auch mit der Akzeptanz der Rede-Urangst sowie dem Niederreißen der mentalen Barrieren, zwei Strategien, die in den nächsten beiden Kapiteln erörtert werden.

Die natürliche Rede-Urangst

„Fließendes Wasser fault nicht,
die Türangel rostet nicht.
Das kommt von der Bewegung.“
Lü Bu We

Nach dem Rückzug der Redephobie mutieren wir nicht zu einem Wunder der Angstfreiheit. Vielmehr können wir verbale Ängste weiterhin erleben, etwa im Rahmen von Prüfungen, Flirts, Auseinandersetzungen. Allerdings sind wir in dem Bereich der Rede-Urangst angekommen, die sich durchaus in den Griff bekommen lässt.

Die Rede-Urangst ist in keiner Weise ungewöhnlich oder abwegig, auch professionelle Redner kennen sie. Als Lampenfieber sorgt sie für eine gewisse Spannung, und das ist gut so, denn nichts wirkt fader als ein Vortrag, der bereits hundertmal und öfter ohne die geringste Emotion abgespult wurde.

Die natürliche Redeangst ist nützlich und gutartig, also keine gemäßigte Phobie, eine Art Phobie light, sondern von gänzlich anderer Beschaffenheit:

- Während die Phobie die Besinnung raubt und damit das Reden verhindert, löst die Urangst die Zunge, sie spornt an und motiviert zum Sprechen.

- Sie beflügelt zudem die rhetorischen Fähigkeiten, in der aktuellen Lage ebenso wie in einem nachhaltigen Lernprozess. Das Ergebnis sind recht gefällige verbale Auftritte, unabhängig von den jeweiligen Umständen.

- Entsprechend selten ereignen sich verbale Entgleisungen. Gerade wer das Versagen und die Blamage fürchtet, sollte die Angebote der Rede-Urangst wahrnehmen. Nahe an der Wirklichkeit verleiht sie eine Sicherheit, die die Phobie nicht bietet.

- Bisher kannte der Betroffene nur die Alternative, ausgelacht zu werden *oder* phobisch zu schweigen, ein Mechanismus, der das Reden doppelt blockierte. Dagegen nimmt die Urangst eine Vermittlerrolle ein und bietet beides: Redeängste haben *und* dennoch reden können.
- Nach wie vor ist die Umgebung kein risikofreies Redeparadies, doch nun lässt sie sich besser einschätzen. Realistisch betrachtet, reagieren die anderen kaum wahrnehmbar, vielleicht mit einem verständnisvollen Lächeln. Allerdings können sie auch mit deutlichem Unmut reagieren, wenn der Redner von seiner Aufgabe völlig überfordert scheint.
- Versprecher erschüttern das Selbstbewusstsein nicht, denn sie können jedem Redner passieren. Manchmal entstehen unvorhergesehene Situationen, über die beide Parteien lachen können, der Redner und das Publikum. Den Redefluss halten derartige Episoden nicht auf, erst recht müssen wir nicht abtreten und ein für alle Mal den Mund halten.

So paradox es im ersten Augenblick klingen mag: Der Weg aus der Phobie führt nicht über die absolute Angstfreiheit, sondern über die Urangst, auf die wir uns bewusst einlassen. Wer sich auf den Rücken der Urangst schwingt, eilt der Phobie davon. Die Kollaboration ist der Preis, der für die Entsorgung der Phobie zu zahlen ist, doch er ist vernünftig und fair.

Barrierefrei kommunizieren

„Wie ihr wisst, war Sicherheit des Menschen Erbfeind jederzeit."
WILLIAM SHAKESPEARE

Ein Auftritt in der Öffentlichkeit erfordert alle möglichen Qualitäten, aber gewiss keine imaginäre oder materielle Trennwand. Wozu auch? Aus Gründen der Sicherheit etwa? Steht die Wand nicht vielmehr im

Widerspruch zu den Redeabsichten? Wer etwas mitteilen will und gleichzeitig versucht, sich unsichtbar und unhörbar zu machen, verhält sich zweifellos absurd.

Richtig ist vielmehr die umgekehrte Einstellung, so dass wir für die Verkündigung einer Botschaft einen hervorgehobenen Platz aufsuchen. Meist ist es auch üblich, aufzustehen, um in einer größeren Versammlung eine Frage zu stellen.

Wie überflüssig die Trennwand ist, ergibt sich schon aus der Beobachtung, dass Kinder und Jugendliche sich verbal leicht behaupten. In TV-Quizsendungen verblüffen Nonnen mit einem souveränen Auftreten, obgleich ihr Klosterleben es ihnen kaum gestattet, diese Sicherheit permanent einzuüben. Ein ungebildeter, aber charmanter Hochstapler kommt leichter an das Geld anderer Leute als ein angesehener Bürger.

Das Reden bedarf wahrlich keiner gigantischen Anstrengungen, sondern Lockerheit und Gelöstheit. Somit gleicht es einem großen Torbogen, durch den alle Menschen einfach gehen, unabhängig von Herkunft, Alter, Geschlecht, Ansehen, Hautfarbe, Vermögen und Beruf. Wenn wir unsere Trennvorrichtung aufgeben, können wir uns dieser Normalität anschließen und frei und flüssig sprechen, wie allgemein üblich.

Offenbar macht es Spaß, sich ungehemmt zu äußern, denn das Ereignis verbreitet Heiterkeit. Die Freude steht im Gesicht geschrieben. Zeitgenossen wie du und ich zeigen ein strahlendes Lächeln, wenn sie die Gelegenheit erhalten, vor laufender Kamera zu reden. Von dem Song „Are You Lonesome Tonight" gibt es eine berühmte Version, in der Elvis Presley einen Lachanfall bekommt.

TEIL IV

Korrekturen am Selbst
oder:
Wie Phönix aus der Asche

1. DEN VERSTAND ZURECHTRÜCKEN

Ein neuer Geist

„Und plötzlich weißt du:
Es ist Zeit, etwas Neues zu beginnen
und dem Zauber des Anfangs zu vertrauen."
MEISTER ECKHART

Es sind zwei Einstellungen, die um die Vorherrschaft ringen: Der alte Geist zieht sich aus Prinzip von den Menschen zurück. Der neue Geist geht grundsätzlich auf die Menschen zu und räumt die Hindernisse aus dem Weg. Er macht das Miteinander zum Leitmotiv.

Die Konstellation erinnert an *The Strange Case of Dr. Jekyll and Mr. Hyde*. In der Erzählung von R. L. Stevenson lebt der erfolgreiche und beliebte Arzt Dr. Jekyll ein zweites Ich als Mr. Hyde aus, eine Gestalt mit üblem Charakter. Am Ende erweist sich Hyde als der Stärkere, so dass das Doppelwesen untergeht.

Wer sich Jekylls Schicksal ersparen will, kann nicht umhin, den alten Geist unschädlich zu machen. Da der Feind in der eigenen Person sitzt, findet eine Autoaggression statt, allerdings eine nützliche und wohltuende. Es gilt, die Zwiespältigkeit zu beenden und die Ordnung wiederherzustellen.

Der Wandel wird sich nicht von heute auf morgen vollziehen, er bedarf vielmehr einer gewissen Ausdauer. Kurzfristige Rückschläge sind möglich, aber keine dauerhafte Rückkehr zu den alten Gewohnheiten. Es kommt auf das Unterwegssein an im Sinne des chinesischen Sprichworts: „Der Mann, der den Berg abtrug, war derselbe, der anfing, kleine Steine wegzutragen."

Der alte Geist ist müde und gebrechlich und leidet an einer schmerzhaften Zerrüttung. Zudem ist er trüb und dunkel, so dass er die Sicht auf den Ausgang verstellt. Auch wegen seiner lebensfeindlichen, griesgrämigen, pessimistischen Haltung ist seine Widerstandskraft gering. Kurz, er hat ausgedient.

Dagegen ist der neue Geist stark und mächtig, so dass er letztlich die Oberhand behält. Er behauptet sich ebenso natürlich wie die Vernunft gegen das Absurde, das Gesunde gegen das Morbide, das Ursprüngliche gegen die Dekadenz. Er sorgt für die dringend nötige Umkehr und schenkt Zuversicht und Wohlbefinden. Es gelingt ihm sogar, eine Phobie oder eine Depression einzudämmen und das Gehirn zu restaurieren.

Die Gabe der Unterscheidung

„Frei denken ist schön,
Richtig denken ist besser."
INSCHRIFT AN DER UNIVERSITÄT VON UPPSALA

In einem starken Geist wohnt keine Angst und nur er ist fähig, sich gegen die Angst durchzusetzen. Also lasst uns mit Eifer und Lust danach streben.

Irren ist menschlich, aber ist es erforderlich, immer wieder die gleichen Fehler zu begehen? Eigentlich genügt es, sich einmal an einer heißen Herdplatte die Finger zu verbrennen. Das gilt für soziale Ängste ebenso. Man kann auch aus Erfahrung klug werden und auf diese Weise einen neuen Geist bekommen.

Wer sich mit dem Du verbinden will, sollte in der Lage sein, die Spreu vom Weizen zu trennen. Wem kann ich vertrauen, wem nicht? Welche

Alternative soll ich wählen? Welche Empfehlung ist gut für mich? Die Entscheidung ist nicht immer einfach, denn derselbe Vogel ist dem einen eine Eule, dem anderen eine Nachtigall.

Grundsätzlich lassen sich „falsch" und „richtig" an ihren Früchten erkennen. Ein falscher Umgang mit Körper und Geist macht krank. Wer sich irrt, muss dafür büßen wie für jeden Fehler. Die falsche Einstellung hat keinen Bestand, denn die Zeit fegt sie weg.

Das richtige Denken schützt vor psychischen Unannehmlichkeiten. Es verursacht keine Kopfschmerzen, sondern regt an. Es bewährt sich langfristig und unter verschiedenen Bedingungen. Es bringt reichlich Gewinn für die Selbstverwirklichung ebenso wie für das Miteinander.

Grundsätzlich gilt: Ein Geist, der den anderen permanent ausweicht, hat die falsche Alternative gewählt. Ein Geist, der sich mit der Umgebung zu verbinden sucht, ist richtig eingestellt.

Ist das Denken richtig, stimmt auch das Reden. Während das alte Reden so entstellt klingt, dass es von der Umwelt trennt, kann das neue Sprechen inhaltlich und rhetorisch überzeugen. Wer unterrichtet, predigt, auf der Bühne steht oder in ein Mikrofon spricht, macht guten Gebrauch von seinem Verstand. Frei von unnötiger Scheu teilt der Sprecher seine Ansichten und Gefühle mit, selbst vor zahlreichen Zuhörern.

Das Gedächtnis

„Von jedem Augenblick bleibe mir eine Erinnerung,
tief oder lustig, freudig oder schmerzlich."
BETTINA VON ARNIM

Das Gehirn ist keine leere Schublade, sondern steckt voller Gedanken, Eindrücke und Wahrnehmungen. In ihrer Gesamtheit bilden sie das Gedächtnis, das unser Wesen ausdrückt und die Episoden unseres Lebens dem Vergessen entreißt. Haben wir unsere Erfahrungen verinnerlicht, müssen wir nicht immer bei Punkt null anfangen, sondern können auf Bewährtes zugreifen.

Das Gedächtnis eines Menschen mit sozialen Ängsten baut sich instinktiv und automatisch auf. Es ist mit negativen Erlebnissen und Selbstbewertungen vollgepumpt, also eher eine Last als eine Hilfe. Zwar ist es gratis zu haben, aber es wirkt unzuverlässig und einseitig.

Das neue Gedächtnis entsteht durch fleißiges und ausdauerndes Lernen. Vor allem berücksichtigt es unsere Stärken und positiven Erfahrungen mit der Umwelt. Indem es sich an angenehme Begegnungen und friedliche Zeiten erinnert, wird es zum Speicher für soziale Kompetenz.

Es ist nicht nötig, immer und überall über jedes kleinste Detail zu verfügen. In der Einbildung wäre es der entscheidende Baustein, dessen Fehlen das gesamte Gedächtnis unweigerlich einstürzen ließe. Vielmehr kommt es darauf an, dass wir das Miteinander als das große Ziel nicht aus den Augen verlieren.

In der Schule des Lebens haben wir bereits eine erhebliche Strecke des Wegs zurückgelegt. Nach den zahlreichen Schritten, mit denen wir uns von der Angst entfernt haben, können wir nicht mehr zum Ausgangspunkt zurückkehren. Wir können uns nicht dumm stellen, als hätten wir nichts gelernt.

Die Zügel anziehen

„Die Beherrschung des Denkens gibt Macht über Leib und Leben."
BUDDHA

Der unbeherrschte Geist ist nicht der Weisheit letzter Schluss, denn er ist unberechenbar und wirkt zerstörerisch. Dann bricht in der Natur ein Erdbeben aus und im Gehirn ein Wahn. Ohne Aufsicht produziert er unerwünschte Gedanken und krankhafte Störungen, oft begleitet von einem tranceartigen Musikgetöse.

Man sollte nicht glauben, man tue alles Menschenmögliche gegen soziale Angststörungen, nur weil das Denken überaktiv ist. Wenn es sich dabei verselbständigt und verwahrlost, trägt es vielmehr zur Trennung bei. Es tritt zwar im Gewand der Kreativität auf, doch es wird zum Fluch. Schon der allzu bequeme Ansatz erweckt Argwohn, denn was ist einfacher, als den Intellekt sich selbst zu überlassen?

Es kommt also auf die Kontrolle an. Die geistige Energie verhält sich wie jede andere Energie: Nur domestiziert erweist sie sich als ein Segen für das Miteinander. Indem wir das Denken zügeln, überlassen wir nichts dem Zufall, bereits das Ein- und Ausschalten unterliegt der Aufsicht.

Wir halten daher den Geist bewusst an, sobald er schädlich wirkt. Er bekommt keine Lizenz, sich beliebig zu ärgern, über die Gesellschaft zu grübeln, sich an traumatische Ereignisse zu erinnern; ungefragt zu reden, zu singen oder zu debattieren; alte Affären aufzuwärmen, andere zu erfinden und die gleichen unerfreulichen Begegnungen endlos durchzuspielen. Er bekommt erst recht nicht die Lizenz, den Schlaf zu stören.

Der beherrschte Geist vermag negative Vorgänge positiv umzudrehen. Gewöhnlich ist eine Verspätung peinlich, doch bewusst eingesetzt kann sie die Erwartung der anderen erhöhen. Eine Redepause aufgrund einer Sprechhemmung ist nicht identisch mit einer Pause als rhetorisches Mittel. Es ist auch ein Unterschied, ob jemand unfreiwillig den Clown spielt oder das Gelächter absichtlich provoziert. Letzterer beherrscht das Geschehen und darf mit Sympathie rechnen.

Aber geht die Disziplinierung nicht auf Kosten der Spontaneität? Kann man es zulassen, dass Gedanken, kaum entstanden, sogleich gezügelt werden? Drücken sie ohne lästige Einschränkungen nicht mehr Lebendigkeit und Begeisterung aus?

In Wahrheit befreit die Zügelung lediglich von der Freiheit, sich ganz spontan Ängsten und Depressionen hinzugeben. Der beherrschte Geist verleiht die nötige Sicherheit, um Fähigkeiten kreativ auszuleben. So entsteht die scheinbar paradoxe Situation, dass ein fester Rahmen am ehesten ungewöhnliche Handlungen und Äußerungen ermöglicht.

Das verselbständigte Denken gleicht einem Rodeopferd, das seinen Reiter umgehend abwirft, das beherrschte Denken einem gut zugerittenen Pferd. Letzteres folgt den Anweisungen bereitwillig, so dass es weder abrupt stehen bleibt noch wild davonrast. Es genießt seine Freiheit und tobt gern umher, aber es weiß auch, wann die Arbeit wieder beginnt.

Munter wie ein Springbrunnen

„Denn es ist nicht genug, einen klugen Kopf zu haben,
die Hauptsache ist, ihn richtig zu verwenden."
René Descartes

Ursprünglich hat der Mensch den unterdrückten Geist dafür vorgesehen, eine ängstliche Gedankenflut einzudämmen. Er war also überzeugt davon, sich mit der mentalen Erstickung etwas Gutes zu tun. In Wahrheit sind die sozialen Herausforderungen schwierig genug, wir sollten daher nicht noch selbst Hindernisse errichten.

Obwohl das Denken keineswegs fehlerlos funktioniert, dürfen wir es nicht aufgeben. Niemand kommt auf den Gedanken, sein Auto wegen eines kaputten Reifens zu verschrotten, sein Haus wegen eines undichten Wasserhahns abzureißen oder bei einem gebrochenen Bein passiv zu bleiben. In Notfällen bietet sich eine Reparatur eher als Lösung an.

Durch das Ausschalten des Verstands wird lediglich ein Fehler durch einen weit schlimmeren ersetzt: das unangemessene Denken durch das fehlende Denken. Dabei handelt es sich um eine rabiate Strategie, der auch positive Ziele zum Opfer fallen, etwa das Miteinander. Wenn das Denken aufhört, kommt keine Verbindung zustande.

Eine gewisse Vorsicht im zwischenmenschlichen Umgang kann zwar nicht schaden, aber wer auf seinen Verstand verzichtet, handelt keineswegs vorsichtig, sondern unvernünftig. Wer seine Hirntätigkeit einstellt, kompromittiert sich selbst und stolpert von einer Peinlichkeit in die nächste. Kein Mensch ist vollkommen, aber man sollte seine Unvollkommenheit nicht auf die Spitze treiben.

Vielmehr sollte der Geist sprudeln wie ein Springbrunnen, vor allem in Gesellschaft. Da wir gelernt haben, die Hirnaktivität zu kontrollieren, wird das Wasser dabei keine Überschwemmung anrichten. Wenn wir beachten, dass das Heil in der Geistespräsenz liegt, können wir in der Regel eine eventuell aufkommende Unsicherheit leicht ausbessern.

Indem wir unsere Fähigkeiten voll entfalten, beugen wir nicht nur dem geistigen Abbau vor, auch die soziale Angst weicht zurück. In Gegenwart anderer zeigen wir nun eine Dynamik wie einst in einem menschenleeren Ambiente. Wir empfinden den unbändigen Drang, Beziehungen herzustellen, so dass wir gut gelaunt mitmischen und zu Scherzen aufgelegt sind.

Der Geist und der Schlaf

„Der Schlaf der Vernunft gebiert Ungeheuer."
RADIERUNG VON FRANCISCO GOYA

Ausgerechnet nachts glaubt der ängstliche Mensch, sich intellektuelle Rasereien leisten zu können. Dann tobt sich ein fast zwanghafter Denktrieb aus, nichts scheint schwieriger, als nicht zu denken. Obwohl die äußeren Umstände friedlicher sind als sonst und der Körper todmüde ist, gleicht das Denkorgan glühenden Brennstäben, als wolle es die Versäumnisse des Tages nachholen.

Es widerspricht jeder Vernunft, die geistige Energie zur Nachtzeit aufzudrehen. In der Nacht und im stillen Kämmerlein wird sie zur falschen Zeit, am falschen Ort und ohne Sinn und Zweck verheizt. Angeblich soll sie Gefahren oder Chancen bewältigen, aber es fehlt der praktische Bezug. Von Kontrahenten ist weit und breit nichts zu sehen, so dass nur Scheingefechte stattfinden. Anstatt sich mit der Praxis auseinanderzusetzen, gehen die Gedanken in ein negative Inhalte wiederkäuendes Grübeln über.

Die nächtlichen Denkattacken geben sich kreativ, doch sie erschöpfen und quälen den Menschen. Sie erinnern daran, dass der Schlafentzug auch als Foltermethode dient. Zusammen mit der Depression und der Phobie gehört die Schlaflosigkeit zu den Risikofaktoren für die Demenz. Eine durchwachte Nacht beeinflusst nicht zuletzt auch das Miteinander negativ.

Die Nacht gehört der Liebe und nicht dem Intellekt. Wir versäumen daher nichts, wenn wir unserem Gehirn die nötige Ruhe gönnen, im Gegenteil. Für die Kontakte am kommenden Tag gibt es keine bessere Vorbereitung. Es ist schön, wenn der Geist aufblüht, aber nur am Tag ist er auch produktiv und kann kommunizieren. Und wenn er sich schon tagsüber verausgabt, sorgt er rechtzeitig für einen guten Schlaf.

Mit der Verteilung der geistigen Energie über 24 Stunden beginnt ein sinnvoller Tagesrhythmus: Deaktivierung des Gehirns in der Nacht und ohne Menschen, Aktivierung am Tag und mit Menschen. Dunkel ist die Nacht, dunkel der Verstand, hell ist der Tag, hell das Denken.

„Was machst du, um dich zu entspannen?", fragte ein Schüler seinen Meister. „Nichts", erwiderte der Meister. „Wenn ich gehe, gehe ich, wenn ich esse, esse ich, und wenn ich schlafe, schlafe ich." – „Das tun doch alle", meinte der Schüler darauf. „Eben nicht!", entgegnete der Meister.

Meilensteine

„Der Geist ist demselben Gesetz unterworfen wie der Körper:
Beide können sich nur durch beständige Nahrung erhalten."
LUC DE CLAPIERS, MARQUIS DE VAUVENARGUES

Der neue Geist vollbringt nicht für möglich gehaltene Kunststücke, die Meilensteine in der persönlichen Entwicklung bedeuten, die wiederum das Verhältnis zur Umwelt befruchten.

Eine erhöhte Leistungsfähigkeit beflügelt nicht nur die Wissenschaft und die Kunst, sie hilft uns auch, im Alltag zurechtzukommen. Wir können sie etwa für unsere Karriere oder eine Partnerschaft verwenden. Eine Person mit sozialen Ängsten erkennt im Miteinander ihr eigentliches Ziel und kann es kraftvoll verwirklichen.

Die verbesserte Konzentrationsfähigkeit entspricht der Empfehlung des Volksmunds, sich „zusammenzunehmen", also in einer schwierigen Situation seine geistigen Kräfte zu bündeln. Einerseits wird die Umwelt vernachlässigt, andererseits wird ihr zu viel Beachtung geschenkt. Die echte Konzentration ist weder zu schwach noch zu stark, sie vermeidet die Zerstreutheit ebenso wie die allzu bemühte Verengung auf einen Punkt.

Als dritter Meilenstein stellt sich die Ordnung ein, die es nicht verdient, als eine bürgerliche Tugend oder als Pedanterie verachtet zu werden. Die Ordnung ist schlicht unverzichtbar, sogar ein spektakuläres Feuerwerk brennt nicht unkontrolliert ab. Die Naturwissenschaft systematisiert die Objekte, die Philosophie die Erkenntnisse, Religionen stellen eine Vielzahl von Regeln auf. Erst recht darf einem sozialen System die Ordnung nicht fehlen, sei es in der Familie, im Umfeld oder im Staat, sonst löst sich der Zusammenhalt auf.

Das neue Denken beeindruckt zudem durch seine Ausgeglichenheit. Der träge Zustand wird angeregt, die Raserei gemäßigt. Die Kunst besteht darin, das verwilderte Denken zu zähmen und gleichzeitig uneingeschränkt zu aktivieren; und umgekehrt das scheintote Denken zu beleben, ohne dass es unkontrolliert wuchert und verwahrlost. Ein Geist im ausgeglichenen Zustand ist die optimale Grundlage für ein sozialverträgliches Auftreten.

Gewöhnlich huschen die Gedanken wie Sternschnuppen durch den Kopf, um sogleich wieder spurlos zu verglühen. Der neue Geist fängt dagegen die Gedankenblitze ein und hält sie fest. Aus den zahlreichen Ideen entsteht ein Gedankengebäude und im sozialen Zusammenhang ein Netzwerk, beide stabil genug, den Erschütterungen des Lebens standzuhalten.

2. PERSÖNLICHE KOMPETENZEN

Umstrittene Ichhaftigkeit

„Schauspieler, die leuchten wollen,
wo es nicht sein darf,
muss man gewaltsam unter den Scheffel stellen."
LUDWIG BÖRNE

Ein gesundes Ich-Bewusstsein ist durchaus wünschenswert. Im Ich sind unsere Wünsche, Absichten, Interessen gebündelt. Wir möchten z. B. gesund, erfolgreich und glücklich sein und unser Leben nach eigener Vorstellung gestalten. Soziale Angststörungen mögen aus Unwissenheit oder grober Fahrlässigkeit entstehen, aber nicht aufgrund einer bewussten Entscheidung.

Neben dem gesunden Ich existiert die entgleiste Form der Ichhaftigkeit. Egal, was die Person denkt und sagt, sie nimmt sich selbst zum Maß aller Dinge. Ständig beschäftigt sie sich mit der Frage, wie sie am meisten bekommt, wie sie ihre Attraktivität erhöht und wie sie es schafft, dass ihr alle zu Füßen liegen.

Eine übertriebene Ichbezogenheit ist nicht unproblematisch. Der Geist tritt auf der Stelle, denn wer sich vom Du distanziert, erhält zu wenig Anregung von außen. Außerdem darf niemand ungestraft sein Ich grotesk betonen. Vielmehr reagieren die anderen mit Verachtung, Spott und Aggressionen, so dass sich der Aufenthalt auf Erden recht ungemütlich gestaltet.

Eine fürsorgliche und solidarische Einstellung erleichtert den Ausstieg aus der egozentrische Haltung. Einige Ausnahmemenschen verzichten ganz auf Geld und Karriere, um sich den Bedürftigen zu widmen.

Doch nicht jeder Zeitgenosse fühlt sich zur Selbstlosigkeit eines Heiligen berufen. Das eigene Glück im Hier und Heute sollte durch einen falsch verstandenen Altruismus jedenfalls nicht zu kurz kommen. Zudem ist stets abzuwägen, wie weit wir den anderen entgegenkommen können, ohne uns zu verbiegen. Erst recht sollten wir nicht vor denjenigen in die Knie gehen, die sich rücksichtslos und skrupellos uns gegenüber verhalten.

Mehr Demut

„Hochmut kommt vor dem Fall."
DEUTSCHES SPRICHWORT

Die Ichhaftigkeit äußert sich auch in Gefühlen der Arroganz und der Minderwertigkeit. Die scheinbaren Gegensätze sind in Wahrheit die beiden Seiten einer Medaille, denn sie kreisen zu sehr um die eigene Person. Wer sich mit der Umwelt verbinden will, kann daher nicht umhin, alle drei Fehleinstellungen zu eliminieren.

Ein labiles Selbstbewusstsein verbirgt sich gerne hinter einer überheblichen Fassade, mit der man seine natürlichen Grenzen überschreiten will. Doch das Ansehen lässt sich nicht einfach überstreifen wie ein Mantel, es will erworben und verdient sein.

Schon der gesunde Menschenverstand verbietet, sich als etwas Besseres darzustellen. Begabungen sind kein eigenes Verdienst, sondern eine Gabe der Schöpfung und nur zu treuen Händen verliehen. Geistige Zuwächse sind kein Selbstzweck, sie dienen auch nicht der eigenen Herrlichkeit, sondern einem besseren Miteinander. An der persönlichen Entwicklung hat das gesamte Umfeld mitgewirkt, vom Elternhaus bis zu den Schulen. Man mag daher zu Recht stolz auf seine Leistungen sein, aber nicht überheblich.

Hervorragende Persönlichkeiten, etwa Filmschauspieler, beeindrucken oft durch ihre Natürlichkeit. Als der Italiener Mario Draghi im Jahre 2011 Präsident der Europäischen Zentralbank wurde, lobten ihn die Medien als „bescheiden und hochintelligent“. Die sizilianische Nonne Cristina Scuccia, die mit 25 Jahren den Wettbewerb „Voice of Italy“ 2014 gewann, meinte nach ihrem Auftritt, der Herr habe sich ihrer bedient, um das Evangelium zu verkündigen. Angesichts dieser Vorbilder besteht für niemanden ein Anlass zur Überheblichkeit.

An der frappierenden Tatsache, dass zwischen der Bescheidenheit und der Klugheit ein direkter Zusammenhang besteht, kommen wir nicht vorbei. Je verschwenderischer die Natur ihre Gaben verschenkt hat, desto unempfindlicher wird der Mensch offenbar gegen die Arroganz. In diesem Sinne empfiehlt der Humanist Erasmus von Rotterdam in seiner Satire *Lob der Torheit* mit dem „gemeinen Haufen“ nachsichtig zu sein und dessen Irrtümer zuzulassen.

Manchmal sagt ein Hundebesitzer, dessen Tier einen Passanten anbellt: „Der tut nichts, der beißt nicht, der will nur spielen.“ Mit ähnlichen Worten distanzieren wir uns von der Anmaßung: „Mein Gehirn tut nichts, es will nur spielen. Es will nicht überheblich sein, sondern sich mit euch verbinden.“

Weniger Selbstdemütigung

„Dem Mutlosen gilt alles nichts,
dem Mutigen wenig viel.“
JEREMIAS GOTTHELF

Wer nach dem Scheitern der Arroganz meint, mit der Selbstverleugnung nichts falsch machen zu können, macht alles falsch, denn ein Selbstbewusstsein, das wie eine zerfledderte Vogelscheuche aussieht, stößt auf wenig Gegenliebe.

Dann stellt uns ein imaginärer Mentor einige unangenehme Fragen: „Warum machst du dich so sehr abhängig von der Meinung anderer? Wenn du dich nicht um deinen Selbstwert kümmerst, wer dann? Wie kannst du erwarten, dass andere dich respektieren, wenn du dich selbst mit Füßen trittst? Weshalb die Rolle des allzu Demütigen also weiterspielen?"

Eine unterwürfige Haltung lässt sich nicht einmal religiös rechtfertigen. Der Schöpfer hat uns vielmehr den Auftrag gegeben, mit unseren Talenten zu wuchern und damit ein dem Überleben dienendes Selbstvertrauen aufzubauen. Wer so nobel ist, das Selbstbewusstsein allen anderen zuzubilligen, darf es getrost auch für sich in Anspruch nehmen.

Nur mit einem stabilen Ich kann sich der Mensch gegen innere und äußere Anfechtungen wehren. Einem Angeklagten, der persönlich und sachlich zu überzeugen vermag, schenkt das Gericht eher Glauben, während Unsicherheiten seine Schuld indirekt zu verraten scheinen.

Ein robustes Selbstbewusstsein sorgt für eine gute Verbindung zur Umwelt. Die anderen erwarten es im Grunde und applaudieren geradezu, wenn sich jemand in der Öffentlichkeit zu seiner Originalität bekennt. Auf das andere Geschlecht wirkt ein mutiger Mensch ausgesprochen anziehend. Je bedrohlicher die Umwelt wirkt, desto unbekümmerter leben wir daher unsere Persönlichkeit aus.

Befürchtungen, minderbegabt zu sein, gehören zu dem Muster des negativen Vergleichens. Der hypnotisierte Blick auf die angeblich unerschöpflichen Vorzüge der Mitmenschen macht nur unzufrieden und depressiv. Aber wir müssen nicht vor Ehrfurcht erstarren, denn jedes Individuum hat mit der Tatsache zu leben, dass andere in Teilbereichen besser sind. Auch die eigene Persönlichkeit bietet Fähigkeiten, über die nicht jeder Zeitgenosse verfügt.

Inzwischen ist auch das für die Umwandlung von positiven Erfahrungen in Selbstbewusstsein verantwortliche Relais gefunden: das Gehirn. Wer es verleugnet, erniedrigt sich unnötig, wer sich jedoch immer und überall auf seine Stärken besinnt, strahlt Selbstvertrauen aus.

Unwürdige Mimikry

„Ich kenne keinen sicheren Weg zum Erfolg,
aber einen sicheren Weg zum Misserfolg:
es allen recht machen zu wollen."
PLATON

Wenn der Mensch mit geringem sozialen Mut unter eine Art Tarnkappe schlüpft, trifft er scheinbar keine schlechte Wahl. Er wird von den anderen nicht erkannt und daher verschont, so wenigstens die Erwartung. Tatsächlich ist das Verhalten sinnlos, so dass es schon bei der geringsten Belastung wie ein Kartenhaus zusammenfällt.

Schon alltägliche Eigenschaften sind nicht allgemein zugänglich. Ein Senior ist nicht so fit wie ein junger Athlet, und dieser besitzt nicht die Erfahrung des Älteren. Führungskräfte lassen sich nicht beliebig kopieren, und nicht jeder Zeitgenosse hat das Talent zum Model oder zum Popsänger.

Der Versuch, sich einer Gruppe anzupassen, ist vollends absurd, denn man müsste in die Haut eines jeden Anwesenden zugleich schlüpfen. Angesichts dieser Tatsache ist es kein Wunder, wenn bei einem öffentlichen Auftritt Panik entsteht.

Es ist auch unmöglich, Charaktereigenschaften beliebig zu übernehmen, etwa ein starkes Selbstbewusstsein. Der bloße Versuch führt schnell zur Überforderung, so dass das ohnehin mäßige Selbstvertrauen vollends untergeht.

Zum andern ist der Preis für die Mimikry zu hoch, denn in der Realität passt man sich den anderen bis zur Selbstaufgabe an. Das entwürdigende Verhalten wird auf die Spitze getrieben, wenn man auch vor Zeitgenossen mit niedriger Bildung und Gesinnung kuscht.

Die Umwelt beschreibt die seltsamen Verrenkungen mit „sein Fähnchen nach dem Wind hängen" oder mit „kein Rückgrat haben". Zu Recht reagiert sie belustigt und schließt auf eine sozial inkompetente Person, mit der sie leichtes Spiel hat.

Davon abgesehen gibt es auch eine berechtigte Angleichung. Es ist etwa zu begrüßen, sich an Vorbildern zu orientieren, um aus deren Wissen Honig zu saugen. Diese Art der Anpassung ist ein Gebot der Vernunft und bringt uns weiter.

Die leere Hülle füllen

„Selbstvertrauen ist das erste Geheimnis des Erfolges."
RALPH WALDO EMERSON

Manchen Zeitgenossen wurde die Selbstsicherheit in die Wiege gelegt, so dass sie sich trotz ungünstiger Umstände behaupten können. Edith Piaf, aber auch manch ehemaliges Heimkind, haben eine unglückliche Kindheit erlebt und sich dennoch belastbar gezeigt.

Gewöhnlich steht das Selbstbewusstsein am Anfang des Lebens. Das Kleinkind muss sich die Liebe der Familie nicht erst verdienen, sie wird ihm einfach geschenkt. Im Lauf der Jahre erweitert sich parallel zum Kreis der Kontaktpersonen auch das Selbstvertrauen, so dass die natürlichen Begabungen ausreichen, das Miteinander zu bewältigen.

Doch was ist mit jenen, die nicht zu diesen Begünstigten gehören, deren Eltern keinen Wert darauf legten, ihre Kinder stark zu machen, die keine Chance bekamen, ein Urvertrauen zu entwickeln?

Eine Person mit sozialen Ängsten ist weder hilflos noch eine Marionette. Als vernunftbegabtes Wesen ist sie vielmehr in der Lage, sich aus den Niederungen zu erheben gemäß der Volksweisheit: „Hilf dir selbst, dann hilft dir Gott."

Es tut dem Selbstbewusstsein gut, wenn wir freundlich zu ihm sind. Also sehen wir davon ab, uns selbst zu beschimpfen oder zu beleidigen. Haben wir einen Fehler begangen, wird dieser nicht überbewertet, sondern als Anlass genommen, daraus zu lernen. Im Falle des Erfolgs gehen wir nicht zur Tagesordnung über, sondern erkennen unsere Leistung an.

Beim Aufbau des Selbstbewusstseins erinnern wir uns an die natürlichen Begabungen, die Grundlage allen Erfolgs. Zu den angeborenen Fähigkeiten gesellen sich diejenigen, die wir in einer Ausbildung oder durch die Lebenserfahrung erworben haben. Wir können also auf einen Werdegang blicken, der Anerkennung verdient.

Zusätzliche Interessen können uns ebenfalls stärken. Wir üben z. B. ein Ehrenamt aus, engagieren uns karitativ oder für politische Ziele. Auch an sportliche Leistungen oder an Abenteuerreisen in exotische Länder können wir anknüpfen. Je nach Neigung und Möglichkeit wird vielleicht gebastelt, gemalt oder musiziert oder wir beschäftigen uns mit fremden Wissensgebieten.

Nicht die geringste Lebenserfahrung, nicht der kleinste Sieg und nicht der bescheidenste Erfolg sollten unserer Erinnerung verloren gehen. Alle diese Fragmente sind Puzzleteile, die das Selbstbewusstsein aufbauen. Sie reihen sich wie die Perlen einer Kette aneinander und legen Zeugnis davon ab, dass das Ich stark genug ist, sich durchzusetzen.

Durch die Summe der Episoden erhält das vage Selbstbildnis eine unverwechselbare Individualität. Wir werden zum symbolischen Kürzel für eine vielschichtige Existenz, die in dieser Zusammensetzung kein zweites Mal vorkommt.

Im Gleichgewicht

„Man erzieht durch das, was man sagt,
mehr noch durch das, was man tut,
am meisten aber durch das, was man ist."
IGNATIUS VON LOYOLA

Den Halbgott oder den devoten Untertan zu spielen kommt in der Umwelt nicht gut an. Dagegen profitiert die Qualität unserer Beziehungen erheblich, wenn sich das Selbstwertgefühl in der Mitte einpendelt.

Dabei nehmen wir die eigene Person zurück, ohne uns zu demütigen, und wir treten selbstbewusst auf, ohne uns zu überheben.

Als Richtlinie für einen ausgewogenen Charakter dient die folgende kleine Auswahl von typischen Merkmalen, die wir jedoch nicht immer und unter allen Umständen bis aufs i-Tüpfelchen erfüllen müssen:

- Ein gesundes Selbstbewusstsein versetzt uns in die Lage, die eigene Persönlichkeit realistisch einzuschätzen.
- Wir nehmen uns an, wie wir sind, mit unseren Stärken und Schwächen, so dass wir authentisch auftreten.
- Selbstzweifel mögen nicht unbekannt sein, aber sie beschäftigen uns nicht obsessiv.
- In einer hektischen Situation, und selbst wenn mehrere Stressfaktoren zusammenkommen, bewahren wir die Ruhe.
- Erfolge reden wir nicht klein, vielmehr erkennen wir die eigene Leistung an.
- Da unser Selbstbewusstsein auf Fakten beruht, ist es nicht leicht zu erschüttern.
- Während weniger selbstsichere Personen durch ein betont nettes Wesen und ein scheinheiliges Lächeln Anerkennung suchen, verwirklichen wir uns durch die Tat.
- Unberechtigte Kritik können wir von berechtigter unterscheiden; die erste bringt uns nicht um, die andere nehmen wir an.
- Wir kommen mit der Tatsache zurecht, nicht von allen Leuten anerkannt und geliebt zu werden.
- Unsere Meinung und Gefühle äußern wir ohne Scheu, selbst ein kurzes Stottern macht uns wenig aus. Wenn die Zuhörer kichern, werfen wir nicht die Flinte ins Korn, denn sie können sich selbst im Unrecht befinden.

Kein Sterblicher verliert das Gesicht, wenn er Fehler zugibt, sondern eher durch den Versuch, über jegliche Zweifel erhaben zu sein. Daher bekennen wir uns zu unseren sozialen Schwierigkeiten, z. B. mit diesen Worten: „In solchen Situationen bin ich manchmal etwas schüchtern/

nervös/befangen. Ich spreche nicht jeden Tag vor so vielen Leuten. Im Moment erlebe ich einen ordentlichen Adrenalinstoß."

Ein Baum vermag den Ausgleich zu versinnbildlichen. Seine Wurzeln, der Stamm und die Krone sind gleichwertig und dienen einem guten Zweck. Er ist weder so abgehoben, dass er schier hinter den Wolken verschwindet, noch liegt er unter Erde begraben. Fest mit dem Boden verbunden strebt er zugleich nach Höherem. Im Übrigen steht er allein und doch mitten unter Artgenossen.

3. ANTIDEPRESSIVA

Eine Abrechnung

„Die Menschen lieben nur die lachenden Gesichter -
und wer will es ihnen verargen!"
HEINRICH THEODOR FONTANE

Wenn sich der Mensch von den negativen Seiten des Miteinanders besonders angezogen fühlt, schmückt er sie gern mit zahlreichen Details aus. Das Verhalten hat einiges für sich, denn während das Gute unauffällig daherkommt, wirkt das Böse bedrohlich und löst Abwehrmechanismen aus. Wer sich zu intensiv mit dem Bösen abgibt, läuft allerdings Gefahr, in eine Depression zu fallen.

Die Depression verspricht Schonung und Nachsicht durch die Umwelt. Für die eigene Trägheit, Antriebsarmut und einen geringen Lebenswillen dient sie als Alibi. Ebenso scheint sie von der Pflicht zu befreien, das Miteinander mühsam und mit viel Zeitaufwand zu gestalten. In Wahrheit bietet sie keinen Krankheitsgewinn und keinen Schutz.

Anscheinend regt die Depression die Denkfähigkeit enorm an, zumindest sollen in ihrem Rahmen Genie und Wahnsinn eng beieinanderliegen. Sie verspricht einmalige Einsichten in das Böse. Angeblich kommt man ihm so nahe, dass man seine Mechanismen durchschauen und überwinden kann. Doch die peinigenden Motive lassen jede Genialität vermissen, vielmehr sind sie lästig, sie drängen sich von allein auf und wiederholen sich ohne Unterlass. Auf Dauer zersetzen sie den Geist, statt neue Erkenntnisse zu vermitteln.

Statt Verbindungen herzustellen, vereitelt die Depression Kontakte. Zum einen macht sie den Menschen weder interessant noch geheimnisvoll, zum anderen verkehrt die Umwelt nicht gern mit schwermütigen Zeitgenossen. So bildet die Depression, zusammen mit der Sozialphobie und der Redephobie, eine infernalische Troika gegen die Umwelt.

Angesichts ihrer verheerenden Wirkung lässt sich die Depression definieren als der zwanghafte Trieb zur Selbstzerstörung. Im schlimmsten Fall führt sie zur Selbsttötung, so dass man sie auch als „Suizid-Krankheit" bezeichnen könnte, der z. B. Romy Schneider erlegen ist. Ein rauschartiges inneres Musikgetöse soll ihre verheerenden Auswirkungen übertönen und erträglich machen.

Wie die Phobie beansprucht die Depression die absolute Macht. Sie tritt als eine Gottheit auf, die ihre Opfer magisch anzieht und verschlingt. Und wie die Phobie gibt sie sich auch als Heilsweg aus: „Wenn du mich überwindest, bist du vom Trübsinn befreit und erhältst zahlreiche neue Beziehungen." Doch so wenig soziale Ängste das Miteinander erleichtern, so wenig bringt die Depression Heiterkeit in die Beziehungen. Sie ist nicht nur zu nichts zu gebrauchen, sie ist zu fürchten.

Über das Böse

„Man kann sich täuschen – glaube mir, man kann das für Stärke des Geistes halten, was doch am Ende Verzweiflung ist."
FRIEDRICH VON SCHILLER

Dem Bösen können wir auch im Zusammenleben nicht ausweichen, so dass es uns immer wieder einholt. Was also ist dagegen zu tun?

Die Frömmigkeit garantiert keineswegs den Sieg über das Böse, vielmehr kann das scheinbare Schweigen Gottes die Verzweiflung erhöhen. Der Verdacht liegt also nahe, dass das Gewimmer keine echte Anrufung ist, sondern ein Missbrauch überirdischer Instanzen.

Wer die Hoffnung auf die Umwelt setzt, erwartet vielleicht, dass sie bereut, sich entschuldigt und den Verlorenen nachdrücklich bittet, ins Leben zurückzukehren. Aus dieser Richtung kommt allerdings auch keine Unterstützung. Entweder fehlt es den anderen an Verständnis oder an der Bereitschaft, sich für fremden Trübsinn zuständig zu fühlen.

Letztlich bleibt nichts anderes übrig, als sich der Herausforderung selbst zu stellen. Unter Aufbietung aller seiner intellektuellen Kräfte will der Depressive so lange mit dem Bösen ringen, bis es ausradiert ist. Und wenn er pflichtvergessen dagegen verstößt, redet ihm das schlechte Gewissen ein: „So wirst du nie frei und fröhlich."

Die ständige Beschäftigung befreit den Geist jedoch nicht aus den Klauen des Bösen, im Gegenteil. Wer immer wieder um das Phänomen kreist, wird nicht heiter, sondern bleibt daran hängen. Langfristig entsteht ein Denkzwang, der im Wahnsinn enden kann. Das Individuum fühlt sich von Szenarien überwältigt, die dem Tod näher bringen als dem Leben.

Alle Mühen sind unweigerlich umsonst, denn die Fakten, die das Böse schafft, lassen sich nicht einfach ungeschehen machen. Zudem kann der menschliche Geist das Böse weder ergründen noch besiegen oder ausrotten wie eine Epidemie. Über derartige Versuche kann es nur höhnisch lachen.

Die zunächst trostlos klingenden Erkenntnisse enthalten dennoch eine frohe Botschaft: Was man nicht auslöschen kann, muss man nicht auslöschen. Man versäumt daher nichts, wenn man aufhört, sich ständig um das Böse zu drehen.

Sich dem Bösen zu verweigern bedeutet nicht, es einfach schalten und walten zu lassen. Vielmehr ergreifen wir Partei für das Gute und setzen alles daran, ihm zum Durchbruch zu verhelfen. Diese Entscheidung ist die neue Alternative, die sich dem Guten und nicht dem Unheil verpflichtet fühlt.

Gelassenheit durch Loslassen

„Eines ist so wichtig wie das andere:
rechtzeitig zupacken und rechtzeitig loslassen können."
NIKOLAUS VON KUES

Eine deprimierende Begegnung ist eine Sache, unsere persönliche Reaktion darauf eine andere. Man kann das Böse im Zusammenleben annehmen und sich ihm hingeben, man kann es aber auch loslassen.

Loslassen heißt, seine Energie nicht mehr für die Werke des Bösen zu investieren und damit zu vergeuden. Wir weigern uns bewusst, intensiv darüber nachzudenken und uns darin zu verlieren. Es ist wie bei einem Unfall mit elektrischem Strom. Auch hier besteht die Hilfe darin, den Kontakt umgehend zu beenden.

Zusammen mit dem Bösen lassen wir die Dinge los, die unerreichbar sind. Wir finden uns damit ab, nicht alles zu bekommen, wonach wir streben, und hören auf, die Gesellschaft ganz nach eigenen Vorstellungen ändern zu wollen. Da wir unsere Möglichkeiten realistisch einschätzen, entwickeln wir keinen abwegigen Ehrgeiz, der von vornherein zum Scheitern verurteilt ist.

Möglicherweise erweckt das Loslassen die Befürchtung, einen wichtigen Baustein der Persönlichkeit zu verlieren, doch derlei Vorbehalte sind gegenstandslos. Auf Ärgernisse können wir verzichten, wir müssen nicht noch selbst um die Provokationen kreisen. Wir stellen also die innere Geräuschkulisse aus Disputen, Wehklagen, Grübeleien und tosenden Musikorgien ab. Derlei Entgleisungen bedeuten zwar ein Mehr an Gewicht, doch diese Last stoßen wir gerne ab.

Falls es dennoch Schwierigkeiten beim Loslassen gibt, erinnern wir uns an das Bogenschießen. Dauerhaft den Bogen anzuspannen und den Pfeil festzuhalten wäre eine sinnlose Übung. Der Schütze würde müde, so dass nur ein schwacher Schuss zustandekäme. Enteilt der Pfeil dagegen als das Ergebnis eines bewussten Loslassens, fliegt er kraftvoll auf das Ziel zu.

Lots Weib

„Verstehen kann man das Leben rückwärts;
leben muss man es aber vorwärts."

SØREN KIERKEGAARD

Nicht nur die Gegenwart und die Zukunft, auch die Vergangenheit kann die Phantasie angreifen. Wer jedoch übertrieben rückwärts blickt, erstarrt zur Salzsäule wie Lots Weib, obwohl die traumatischen Ereignisse vielleicht schon Jahrzehnte zurückliegen.

Das Wühlen im Bösen ist sinnlos genug, doch durch geschichtliche Ereignisse wird es doppelt sinnlos. Was geschah, ist geschehen und lässt sich durch Grübeleien nicht ändern. Man kann sich nicht verspätet unter die Verfolgten einreihen, sonst gerät man in Gefahr, dem Wahnsinn zu verfallen und damit selbst Opfer von Taten zu werden, die jeder Vorstellung spotten. Diesen verspäteten Triumph sollte man den Peinigern nicht gönnen.

Die depressive Reaktion erscheint sogar unter der Voraussetzung absurd, dass man die Zeit zurückdrehen könnte. Inmitten eines verstörenden Ereignisses denkt kaum jemand über das Geschehen nach, man ist viel zu sehr damit beschäftigt, seine Haut zu retten. Wenn die Gefahr vorüber ist, und das Leben wieder in ruhigeren Bahnen verläuft, hat man eher Zeit für depressive Verirrungen.

Ebenso ist es abwegig, den hypersensiblen Mahner zu spielen, der die Erinnerung an das Böse wie ein Denkmal ewig wach hält. Wer als leuchtendes Vorbild erscheinen will, gibt sich tatsächlich der Lächerlichkeit preis. Um Verbrechen gegen die Menschlichkeit anzuprangern, bedarf es keiner labilen, sondern einer robusten und einflussreichen Persönlichkeit.

Wer sich übertrieben mit Gräueltaten beschäftigt, mag sein sinnloses Tun mit Mitleid rechtfertigen. Tatsächlich stumpft eine Depression das Mitgefühl ab. Echtes Mitleid bezieht sich auf Menschen, die in der

Gegenwart der Hilfe bedürfen, und es realisiert sich durch die Tat. Auch ein Arzt vermag nur zur helfen, wenn er nicht vor Mitleid zerfließt, sondern Distanz zum Objekt seiner Kunst bewahrt.

Optimismus

„Wenn du helle Dinge denkst,
ziehst du helle Dinge an dich heran."
PRENTICE MULFORD

Einer depressiven Person drängen sich die typischen Bedenken eines Pessimisten auf: Lohnt die Mühe eigentlich? Ist es angesichts der unsicheren Existenz nicht egal, ob ich mich mit den anderen verbinde? Ist menschliches Streben nicht grundsätzlich eitel und nichtig? Derartige Einwände lähmen jede Initiative.

Während sich der Pessimismus unaufgefordert in der Seele ausbreitet, bedarf der Optimismus einiger Mühen. Da wir ihn nicht immer geschenkt bekommen, stellt sich die Frage, wie er sich konkret verwirklichen lässt.

Der französische Apotheker Emile Coué empfahl, sich mehrmals am Tage vorzusagen: „Mir geht es von Tag zu Tag in jeder Hinsicht immer besser." Doch gebetsmühlenartige Wiederholungen allein erschaffen kaum einen zuversichtlichen Geist. Im Falle des Misserfolgs könnte man sich vielmehr vorwerfen, nicht positiv genug gedacht zu haben.

Die erfolgversprechendere Methode besteht darin, dass wir auf unsere Erinnerung zurückgreifen. Das Schicksal hat sich nicht gerade kleinlich gezeigt. Es vertraute uns Menschen an, denen wir Liebe schenken durften und die uns liebten. Es bewahrte uns vor Gefahren und bescherte Genesung, Rettung und juristische Erfolge. Wer sollte angesichts dieser Fülle kein überzeugter Anhänger des Guten sein?

Ein Optimist betrachtet das Leben von seiner sonnigen Seite. Schon am Morgen freut er sich gutgelaunt auf die Begegnungen, die ihn erwarten. Die Zukunft bereitet ihm kaum Sorgen, denn die Erwartung, dass ihm alle Türen offenstehen, verlässt ihn nicht. Das Miteinander begreift er als ein Spiel, das er manchmal verliert, aber meistens gewinnt.

Jedenfalls hat ein Optimist den Sinn für die Realität keineswegs verloren. Er ist kein Traumtänzer, der blind für die zwischenmenschlichen Abläufe wäre. Trotz seiner Lebenszuversicht weiß er vielmehr, dass Freud und Leid zusammengehören. Ihm ist also bewusst, dass auch das Gute real ist.

Die positive Einstellung setzt Kapazitäten frei, die den Menschen sympathisch und umweltverträglich machen. Statt sich in der Auseinandersetzung mit ärgerlichen Ereignissen aufzureiben, setzt er seine Kräfte für ein positives Miteinander und für mehr Lebensfreude ein.

Unverdächtige Trauer

„Gemäßigte Trauer ist des Toten Recht;
aber übertriebener Gram des Lebenden Feind."
WILLIAM SHAKESPEARE

Wenn die krankhafte Melancholie weicht, beginnt keineswegs ein Zustand des ewigen und unerschütterlichen Frohsinns. Zwischen der Depression und der Abwesenheit der Depression liegt vielmehr die Trauer. Diese ist kein bloßer Ableger und keine abgeschwächte Form der Depression, sondern eine eigene Kategorie und in allem das Gegenteil davon. Insofern verhält sich die Trauer zur Depression wie die Urangst zur Phobie.

Die Depression bietet keinerlei Ausweg und sie verläuft chronisch. Sie beruht zwar auf einem konkreten Anlass, ist aber an sich wahnhaft. Sinnlos kreist sie um eine Katastrophe und zieht dabei immer tiefer hinab. Der Mensch fühlt sich in die Enge getrieben und vom Leben überfordert.

Die Trauer gestattet die Aufarbeitung der Ursachen, so dass sich die Stimmung allmählich aufhellt. Die positiven Aspekte des Alltags werden nicht übersehen, so dass sie die nötige Kraft verleihen. Im Gegensatz zur Depression stehen eher die Gegenwart und Zukunft im Vordergrund. Man kann sogar mit Heiterkeit nach Art des schwarzen Humors leben.

Statt von negativen Vorstellungen gelähmt zu werden, nehmen wir aktiv am sozialen Leben teil. Nach wie vor sind wir in der Lage, auf andere zugehen und unser soziales Netzwerk aufrechterhalten. Die Fähigkeiten und auch der Wille zur Selbstbehauptung bleiben grundsätzlich erhalten. Die Kräfte werden in das Miteinander investiert, das nicht zum Stillstand kommt.

Kurz, die Trauer ist eine gesunde Reaktion. Als eine sinnvolle Einrichtung der Natur ist sie die einzig angemessene Antwort auf Verstörendes, selbst erlebt oder von anderen überliefert. Man kann sich daher gut vorstellen, die Depression abzuschaffen, aber nicht die Trauer.

4. EXKURS ÜBER DAS GLÜCKLICHSEIN

Eine Achterbahn

„Ich habe mich überzeugt, dass nur raue Bewegung und wechselvolles Geschick einen nach allen Seiten hin tüchtigen Charakter hervorbringen können.
Darum hoch Ebbe und Flut, Freude und Leid, Glück und Elend!"
GOTTFRIED KELLER

Ein glücklicher Mensch verfügt über ein positives Selbstbild. Er nimmt sich trotz seiner Fehler an, ist zufrieden mit sich, fühlt sich wichtig und wirksam und kann sich vergeben. Aufgrund seiner Belastungsfähigkeit und seines Selbstbewusstseins befindet er sich auch mit der Umwelt in Einklang.

Episoden des Unglücklichseins erinnern uns an die andere Seite des Lebens. Offenbar ist das dauerhafte und vollkommenen Glück für den Menschen nicht vorgesehen, vielmehr gehören Licht und Schatten zusammen.

Unser Befinden ist ein Spiegelbild von Ereignissen, die zufällig eintreten. Je nachdem, ob Fortuna uns günstig gesinnt ist oder nicht, wechselt auch die Stimmung. Das Glücksgefühl stellt sich etwa ein, wenn wir uns gut regiert fühlen und im Einklang mit der öffentlichen Meinung befinden.

Das Glück hängt zudem von der Veranlagung ab. Wer kennt ihn nicht, den geborenen Glückspilz, dem scheinbar zufällt, was andere mühsam erringen müssen? Jedenfalls gibt es auch Personen, die ihrer Vorliebe zum Unglücklichsein bereitwillig nachgeben.

Angesichts der Zufälle trifft es sich gut, dass nicht nur das Glück, sondern auch das Missgeschick vergänglich ist. So können wir uns damit trösten, dass es nach jeder Talfahrt wieder nach oben geht, wobei sich das Unglücklichsein rapide einstellt, das Wohlbefinden eher etwas zögerlich. Gelegentlich erscheint zudem ein Unglück, das uns heute trifft, im Nachhinein als etwas Gutes.

Eigene Initiativen

„Wirf das Joch des Überflüssigen ab,
werde reich ohne Geld, und du bist glücklich."
FÉNELON

Natürlich fühlt sich der Mensch auch selbst berufen, dem Glück etwas nachzuhelfen nach dem Motto: „Jeder ist seines Glückes Schmied." Dabei stehen nicht zuletzt Äußerlichkeiten im Vordergrund, etwa ein gutes Aussehen. Derartige Vorteile sind zwar kein Hindernis für das Wohlbefinden, sie bieten allerdings auch keine Gewähr dafür.

Während die Arbeitslosigkeit häufig als zermürbend erlebt wird, zählt die Arbeit zu den wichtigsten Glücksfaktoren. Es kommt auf eine optimale Belastung an, denn eine Unterforderung erzeugt Langeweile, eine Überforderung ungesunden Stress. Wir sollten nicht gemobbt, sondern anerkannt werden und genügend Zeit für Familie und Freizeit haben. Eine erfolgreiche Karriere vermag das Glück jedoch nicht zu garantieren.

Zu Recht steht die Gesundheit mit an oberster Stelle der Wunschliste, und eine vernünftige Lebensweise kann auch viel dazu beitragen. Negative Überraschungen lassen sich dennoch kaum verhindern.

Als wichtig gelten ferner soziale Bezüge, etwa Freundschaften oder Partnerschaften, die allerdings oft genug unglücklich enden. Kinder bereiten vor allem in den ersten Lebensjahren viel Freude, sie werden jedoch während der Pubertät schwieriger, und wenn sie schließlich als Erwachsene die Wohnung verlassen, atmen manche Eltern auf. Wer immer mit Menschen zu tun hat, erlebt auch Frustrationen.

Die Bedeutung des Reichtums wird meist überschätzt. Natürlich müssen die Grundbedürfnisse befriedigt werden, und es darf auch gern etwas mehr sein. Aber Glück kann man nicht kaufen. Eine britische Studie belegt, dass die Freude über einen großen Lottogewinn nur etwa ein halbes Jahr anhält.

Auch das Märchen „Hans im Glück" der Brüder Grimm handelt davon, dass der Besitz nicht unbedingt glücklich macht. Hans tauscht einen Klumpen Gold, den er als Lohn empfangen hat, gegen ein Pferd, das Pferd gegen eine Kuh, die Kuh gegen ein Schwein, das Schwein gegen eine Gans und diese für einen Schleifstein und einen gewöhnlichen Stein. Die Steine fallen in einen Brunnen, als er seinen Durst löschen will, und frei von aller Last ruft er aus: „So glücklich wie ich gibt es keinen Menschen unter der Sonne."

Von Zufällen unabhängig

„Glück hängt nicht davon ab, wer du bist,
sondern was du denkst."
SØREN KIERKEGAARD

Eine philosophische Haltung bringt das Glücksgefühl zurück, falls sich unsere Erwartungen hinsichtlich Hab und Gut, Familie und Freundschaft nicht erfüllen.

Wir erfreuen uns etwa an Kleinigkeiten: an einem Cafébesuch, einem Bad im See, einem Glas Wein. Auf Spaziergängen genießen wir die Natur, Meditations- und Entspannungskurse schenken uns neue Kraft. Scheinbar unbedeutende Zeichen der Zuneigung, etwa ein Lächeln, ein Anruf oder eine Umarmung, versetzen uns in eine heitere Stimmung.

Mit der Dankbarkeit bringen wir zum Ausdruck, dass wir die Vergünstigungen des Schicksals keineswegs als selbstverständlich ansehen. Sie lehrt ferner Bescheidenheit und dass ein Leben in Saus und Braus bald Überdruss bereitet. Wir bleiben auch nicht allzu sehr an der Vergangenheit hängen, denn „Glücklich ist, wer vergisst, was nicht mehr zu ändern ist", heißt es in einer Operette.

Zudem finden wir uns damit ab, dass unsere Mittel, Macht und Einflussmöglichkeiten begrenzt sind. Anstatt die Erwartungen in schwindelnde Höhen zu treiben, lassen wir sie auf dem Boden der Wirklichkeit. Dann sind wir nicht maßlos enttäuscht, dass unsere Wünsche nicht in Erfüllung gehen. Wer weiß, wozu es gut ist.

Für sein Wohlbefinden braucht der Mensch nicht zuletzt eine Herausforderung, die ihm einen Lebenssinn gibt und mit Anstrengungen verbunden ist. In diese Kategorie gehören etwa die Teilnahme an Wettbewerben, ein Hausbau und das Pflanzen eines Baumes. Auch die Mitarbeit in gemeinnützigen Organisationen bieten Möglichkeiten für eine bewusste Lebensgestaltung, die mehr Erfüllung schenkt als der passive Fernsehkonsum, die Völlerei oder übermäßiger Alkoholgenuss.

Das kreative Schaffen erweist sich als besonders glücksfördernd. Wie im Rausch erschaffen Künstler Gemälde und Texte oder spielen auf dem Klavier. Auch die Aufarbeitung von Ängsten und Depressionen sowie das Miteinander sind kreative Aufgaben, die zwar einige Selbstüberwindung kosten, aber keine Zeit für das Unglücklichsein lassen.

Glück im Unglück

„Glücklich ist, wer angenehme Dinge schätzt,
ohne sein Herz daran zu hängen,
und wer eine gesunde Einstellung zur Realität hat."
LUCIUS ANNAEUS SENECA

Wie im Fußball muss man eine Lebenskrise nicht in jedem Fall abpfeifen. Man kann auch Vorteil gelten lassen, so dass das Spiel nach einer kurzen Unterbrechung weiterläuft.

Gegen die Folgen einer naiven Arglosigkeit sind wir gewappnet, wenn wir uns rechtzeitig auf negative Ereignisse einstellen. Dann können uns Enttäuschungen kaum überraschen und aus der Bahn werfen. Sie gehören zur Realität und mit dieser umzugehen lässt sich erlernen.

Auch hinsichtlich der Umwelt kapitulieren wir nicht, vielmehr nehmen wir ihre Herausforderungen an. Belästigungen und Bosheiten sind natürlich nicht erfreulich. Aber sie fallen weniger ins Gewicht, denn damit haben wir Erfahrung, und sie treiben uns nicht in die Verzweiflung. Wir können immer aus der Not eine Tugend machen, indem wir an den Widerständen wachsen.

Selbst brutale Schicksalsschläge sind Teil des menschlichen Daseins. Auch Querschnittsgelähmte sind in der Lage, sich auf die neue Situation einzustellen und für sich einen Lebenssinn zu entdecken. Wer selbst Unglück erfahren hat, kann fremdes Leid besser verstehen und vermag andere zu trösten.

Ohne schlechte Erfahrungen wüssten wir nichts von unserem Glück. Nach Paul Watzlawick (1983, *Anleitung zum Unglücklichsein*) würden wir lethargisch wie die Zootiere, die nicht mehr für ihre Nahrung sorgen oder Gefahren abwehren müssen. Der Lebenskampf verhindert, dass unser Dasein ohne Höhepunkte verrinnt.

5. KÖRPERARBEIT

Die genetische Falle

„Der Weise beherrscht die Sterne,
der Unwissende wird von ihnen beherrscht."
THOMAS VON AQUIN

Im Jahr 2001 berichtete das Magazin *New Scientist* (Nr. 2305, S. 9), dass Forscher um Xavier Estivill in Barcelona eine Genmutation entdeckt haben, die für die Panikattacke, Platzangst und Sozialphobie verantwortlich sein soll. Es handelt sich um eine Verdopplung einer kleinen Region auf dem Chromosom 15, die DUP25 genannt wurde.

Von 70 nicht verwandten Patienten hatten 97 Prozent diese Genmutation. Aber 7 Prozent der untersuchten Individuen außerhalb dieser Gruppe zeigten diese Veränderung, ohne daran zu erkranken. Ebenso hatten 20 Prozent der Mitglieder einer Familie trotz der Mutation keine Beschwerden. Demnach löst die Mutation nicht zwangsläufig Angststörungen aus.

Von der Mutation abgesehen sind Parallelen innerhalb einer Familie oft nicht zu übersehen. So können mehrere Personen zu sozialen Ängsten und zum Pessimismus neigen, sich lieber auf sich als auf andere fokussieren, nicht den Draufgänger spielen wollen.

Angenommen, die Phobie ist wirklich genetisch bedingt, besteht zur Resignation dennoch kein Anlass, denn Gene zwingen niemanden, sich konform ihres Musters zu verhalten. Sie mögen das Leben nicht gerade erleichtern, aber man kann sich weigern, ihnen die Aufmerksamkeit zu schenken, die sie laufend begehren. Wir sind weit mehr als ein möglicher Gendefekt, so dass wir ihm nicht auf Gedeih und Verderb ausgeliefert sind.

Jedenfalls kann man das Beste aus der Situation machen. Falls ein Teil des Ganzen wegbricht, bleiben immer noch genug Bereiche übrig, um das Miteinander zu verwirklichen. Man kann seine Fähigkeiten schwerpunktmäßig ausbauen und so ein Gegengewicht schaffen. Nicht zuletzt trägt eine erhöhte Achtsamkeit zu einem gesunden Ausgleich bei.

Ferner lohnt ein Blick auf das Beiwerk des Kernproblems, die sogenannte Komorbidität. Diese betrifft weitere psychische Störungen ebenso wie körperliche Fehleinstellungen, z. B. eine falsche Atmung, Süchte oder einen gestörten Schlaf. Die Fähigkeit, Verbindungen zu knüpfen, nimmt bereits erheblich zu, wenn wir diese Begleiterscheinungen entfernen.

Haltung annehmen

„Allein im Lächeln liegt beschlossen,
was man die Schönheit des Gesichts nennt."
LEO TOLSTOI

Ein ansprechendes Erscheinungsbild erleichtert zweifellos den Zugang zur Umwelt. Mit Hilfe der Vorstellung formen wir daher das Äußere wie ein Bildhauer eine Skulptur. Wenn sie über den Körper gleitet, werden die Unebenheiten zwar nicht restlos beseitigt, aber gemindert.

Den Kopf lassen wir nicht hängen. Er nimmt eine aufrechte Postion ein und bleibt doch beweglich. Wird das Gehirn bewusst im Schädel verankert, verringert sich die Gefahr, dass es bei heiklen Begegnungen abstürzt.

Eine gewisse Achtsamkeit für das Gesicht empfiehlt sich schon aus kosmetischen Gründen. Im Gegensatz zu einem verbitterten und depressiven Gesichtsausdruck wirkt ein strahlendes Lächeln einladend. Es erweckt jedenfalls mehr Sympathie als ein kummervolles Aussehen, das sich vergeistigt gibt.

Der starre Tunnelblick drückt den mentalen Rückzug vom Du aus. Der Blick wird lockerer, sobald er der Umwelt standhält und sich mit einem wachen Geist füllt. Manche Personen, die im Rampenlicht stehen, zeigen, wie es geht. Ihr Blick ist provozierend und distanziert zugleich, eine Kamerascheu ist ihnen ohnehin unbekannt.

Auch der Hals verdient unsere Achtsamkeit, denn ein geknickter Hals behindert lebenswichtige Funktionen. Wenn wir ihn jedoch aufrichten und seinen Umfang dehnen, nehmen wir den Druck von den Stimmbändern und erleichtern die freie Atmung.

Hängende Schultern sind ebenso verkehrt wie krampfhaft nach oben gezogene, und beide Haltungen begünstigen den Rundrücken. Daher bringen wir die Schultern in eine mittige Stellung und ziehen sie etwas nach hinten, eine Übung, die die Wirbelsäule begradigt.

Indem wir das Rückgrat dehnen und strecken, kommen wir in eine aufrechte Haltung. Wie ein Bambusrohr wiegt es sich hin und her und bleibt dennoch gerade. Die brutalere Methode besteht darin, den gekrümmten Rücken in der Phantasie mit einer Kettensäge gerade zu schneiden.

Manchmal scheint der Körper in mehrere Segmente zu zerfallen, z. B. in Kopf, Brust und Bauch, die sich obendrein verschieben. Ursprünglich ist diese seltsame Erfindung dafür gedacht, die Ausbreitung der Angst zu verhindern. In Wahrheit schwächt sie den Organismus, so dass die Angst erst recht zirkulieren kann. Wenn wir die „Blöcke" jedoch wieder zurechtrücken, greifen sie ineinander und stützen sich gegenseitig.

Angespannte Muskeln lassen sich z. B. mit Hilfe der Progressiven Muskelentspannung (PME) nach Jacobson lösen. Im richtigen Tonus sind sie nicht verhärtet oder schlaff, sondern fest und locker zugleich. Der ganze Bewegungsapparat wird lebendiger, so dass etwa beim Laufen die Arme ausdrucksstark mitschwingen.

Wenn wir achtsam mit unserem Körper umgehen, erleben wir, dass Geist und Körper eine Einheit bilden. Davon profitiert nicht zuletzt die Persönlichkeit. Die gerade Haltung z. B. ist nicht nur gesund, sie strahlt auch Mut, Energie und Selbstbewusstsein aus. Der Umweg über einen gut eingestellten Körper führt daher auch zu einem erfreulichen Miteinander.

Das Herz beruhigen

„Befrei mein Herz von der Angst,
führe mich heraus aus der Bedrängnis."
PSALM 25,17

Das Herz reagiert autonom auf Veranlassung des vegetativen Nervensystems. Von selbst kann es etwa in einen Zustand der scheinbaren Bewegungslosigkeit geraten. Wenn es jedoch aus Angst zu rasen beginnt, scheint die Panik es entzweizureißen.

Dennoch können wir die Pumpe auch mit unserem Bewusstsein beeinflussen. Schon Aristoteles vertrat die Auffassung, dass die Aufgabe des Gehirns darin besteht, die Hitze des Herzens zu kühlen. Die Vorstellung von Abkühlung mag auf den ersten Blick nicht sehr sympathisch wirken, denn wer möchte schon ein Herz aus Eis? Aber hier geht es allein um organische Gesichtspunkte.

Mit einem beherrschten Geist verweilen wir bei den Auslösern des überaktiven Herzens nicht länger als nötig. Zur Bewältigung der Herausforderung nehmen wir stattdessen Abstand, um uns zu sammeln.

Um das Herz zu beruhigen, kann man es auch als einen Gegenstand der Biologie imaginieren. Unser inneres Auge sieht den linken und den rechten Vorhof, die linke und rechte Kammer, die Klappen, das Geflecht aus Venen und Arterien. Anschauungsmaterial liefern Lexika oder das Internet.

Ein günstiges Risikoprofil hält den Hohlmuskel gesund. Es entsteht etwa durch eine vernünftige Lebensweise, ausgewogene Ernährung, viel Bewegung, Gewichtsreduzierung, ausreichenden Schlaf, mäßigen Alkoholkonsum und den Verzicht auf Nikotin.

Wird das Herz auf diese Weise gestärkt, ist es nicht mehr der unsichere Kandidat, der sich der Angst unterwirft. Anders als bisher zeigt es Mut, Großzügigkeit und Begeisterung. Mit diesen Qualitäten fällt die Selbstbehauptung nicht schwer.

Atemtechniken

„Man holt recht gut Luft, ohne zu wissen,
wie sie geholt werden muss und geholt wird."
MATHIAS CLAUDIUS

Durch die Atmung wird die verbrauchte Luft abgegeben und durch frischen Sauerstoff ersetzt. Dabei zwingt das Ausatmen die Lunge, einzuatmen und neue Energie aufzunehmen. Ein harmonischer Luftaustausch verläuft weder hektisch noch zu träge, sondern angeregt und zugleich beruhigt.

In diesen Vorgang können wir unsere Persönlichkeit einbinden, denn er vereint Kopf und Rumpf, Körper und Geist. Zudem bewirkt die Atmung eine Reinigung, denn wir geben ihr unsere Sorgen und unser Fehlverhalten mit. Da sie willkürlich und unwillkürlich abläuft, vereint sie nicht zuletzt das Bewusste und das Unbewusste.

Eine der wichtigsten Leistungen der Atmung ist die soziale Vernetzung. Sie stellt das Miteinander her, denn das Einatmen richtet sich auf das Ich, das Ausatmen auf die Umgebung. Wenn diese Vorgänge aus dem Gleichgewicht geraten, helfen uns bewährte Atemtechniken:

Die Nasenatmung ist vorteilhafter als die Atmung durch den Mund. Statt kurz und schnell, wie von der Aufregung verursacht, verläuft der Rhythmus gedehnt und langsam. Da die Brustatmung stark verkürzt, wenn nicht sogar gestaut ist, bevorzugen die Atemtherapien die Bauchatmung. Die Flankenatmung dehnt den Rumpf nicht nur in Brusthöhe, sondern auch im Bereich der elften und zwölften Rippe.

Zwischen Brust und Bauch liegt das Zwerchfell, der wichtigste Atem- und Sprechmuskel. Beim Einatmen schwingt es nach unten, so dass der Brustkorb sich ausdehnt und der Bauchraum sich verkleinert. Beim Ausatmen wölbt es sich nach oben, so dass sich der Bauchraum weitet, während das Brustvolumen abnimmt. Auf diese Weise verändert sich ständig das Volumen von Brust und Bauch.

Erstarrt das Zwerchfell vor Angst, kann man sich auf dessen natürlichen Rhythmus besinnen, um es wieder in Bewegung zu versetzen. Man darf sogar etwas übertreiben und es in der Vorstellung an die Schädeldecke und an den Beckenboden schmiegen. Diese Lockerungsübung lässt sich in jeder Situation durchführen, beispielsweise um die Wartezeit in einem Bahnhof zu verkürzen.

Weniger ist mehr

„Unser Verlangen nach Lust verknüpft uns mit der Gegenwart.
Die Sorge um unser Heil macht uns von der Zukunft abhängig."
CHARLES BAUDELAIRE

Suchtmittel erwecken die Illusion, den Herausforderungen des Lebens entgehen zu können. Sie versprechen, das Bewusstsein zu erweitern und Existenzprobleme einfach aufzulösen. Den Armen lassen sie seine Armut vergessen, den Depressiven versetzen sie in Euphorie, dem Einsamen gaukeln sie Beziehungen vor. Im Prinzip scheint das Miteinander ohne großen intellektuellen Aufwand zu funktionieren.

Doch die Achtsamkeit verbietet es, bei Drogen wahllos zuzugreifen. Die prickelnde Wirkung verfliegt bald, so dass der Körper wieder Nachschub verlangt. Es besteht die Gefahr der Abhängigkeit, so dass es dem Konsumenten schlechter geht als zuvor. Der Geist trübt sich ein und zerrüttet die Persönlichkeit, und unter der Zunahme der Ängste leiden die sozialen Fähigkeiten.

Niemand kann sich eine Trinksucht erlauben, denn das Leben an sich ist schwierig genug. Sie ist ein Problem mehr, und der Ausstieg aus einer Sucht bedeutet eines weniger. Wer wenigstens zwischendurch Abstinenz übt, stellt seine körperliche und geistige Unabhängigkeit unter Beweis.

Ebenso verhält es sich mit der Nikotinabhängigkeit. Mit dem Rauchen kommt ein neues Problem zu den bereits bestehenden hinzu. Ein Raucher kann jedoch von heute auf morgen sein Laster beenden, indem er sich das Versprechen gibt: „In meine Lungen kommt frische Luft, und sonst nichts."

Auch das Essverhalten kehrt zur Normalität zurück. Entgegen den Erwartungen vermag das maßlose Essen weder zu belohnen noch zu trösten. Vielmehr handelt man sich mit dem Übergewicht eine zusätzliche Belastung ein. Wird die Nahrungsaufnahme jedoch weder unterdrückt noch übertrieben, erhält sie ihre lebenserhaltende Funktion zurück.

Wer auf den Konsum von Giftstoffen verzichtet, gewinnt eine bessere Lebensqualität. Dabei werden Körper und Geist wie in einer Erholungskur entschlackt. Wem es schon einmal gelungen ist, eine Sucht zu beenden, kennt das befreiende Gefühl eines gereinigten Körpers und Geistes.

Weitere Schlafhilfen

„Der Tag eines müßigen Menschen
ist nichts anderes als eine schlaflose Nacht."
Friedrich Christoph Weisser

Der Schlaf ist die beste Medizin. Er entlastet den ganzen Organismus, indem er dem erhöhten Blutdruck und Herz- und Kreislaufbeschwerden vorbeugt. Als eine unverzichtbare Kraftquelle erfrischt er den Geist, eine optimale Voraussetzung für das Miteinander.

Falls am Ende des Tages überschüssige Energie den Schlaf raubt, sollten wir sie daher ableiten, umverteilen oder abschwächen. Zusätzlich zu der in Kap. IV., S. 80f. beschriebenen Beherrschung des Geistes bieten sich weitere Möglichkeiten an, das Gemüt in einer Weise zu beeinflussen, die dem Schlaf dient.

Es ist beruhigend, sich sein konkretes Gehirn vorzustellen. Wer die Hände auf den Kopf legt und ihn umschließt, betont die „öde" Materie und drängt so die übermäßige Funktion zurück. Aufgrund ihrer beruhigenden und versammelnden Wirkung wird die Geste auch im religiösen Zusammenhang verwendet.

Wir können das Gehirn auch zügeln, indem wir es verlagern. Dann verlässt es den Kopf, das „Arbeitszimmer", und begibt sich in ein „Schlafzimmer": in die Brust, den Bauch oder das Becken.

Zudem geben wir uns positiven Gedanken hin. Ein Dach über dem Kopf und ein warmes Bett sind wahrhaft keine Selbstverständlichkeiten. Im Gegensatz zu den nächtlichen Schimären ist die reale Umgebung harmlos, so dass wir das Bett verlassen und uns mit banalen Dingen beschäftigen.

Bei der Akupressur gemäß der TCM (Traditionelle chinesische Medizin) wird eine gewünschte Funktion aktiviert, indem eine Fingerspitze sanft auf einem Akupunkturpunkt kreist. Nur einen einzigen Schlafpunkt zu stimulieren bedeutet mehr Wohltat als eine unkontrollierte Gedankenflut zur unpassenden Zeit.

Zu den schlaffördernden Punkten gehören an den Füßen und Beinen etwa MP 4, MP 6, Ni 1, Ni 2, Ni 3, Le 3, Bl 62, Ma 36; in der Herzgegend: KG 17; an den Händen und Armen: Pe 6, He 7, Di 4, Lu 7; am Kopf: Spezialpunkt zwischen 3E 17 und Gb 20.

Im Hinblick auf Medikamente, die eventuell eingenommen werden, stellt sich die Frage, ob es Sinn macht, das Gehirn anzuheizen und gleichzeitig mit Medikamenten zu dämpfen. Wenn wir von vornherein auf seine Überaktivierung verzichten, benötigen wir keine Schlafmittel. Vorbeugend sollten wir auf einen gesunden Schlafrhythmus achten, indem wir ihn nicht bis in die frühen Morgenstunden durch geistige Arbeit stören.

Rückblickend sieht der Einzelne ein, dass er selbst ein gerüttelt Maß an Verantwortung trägt, wenn das Miteinander nicht zufriedenstellend gelingt. Bevor er gesellschaftlich zu neuen Ufern aufbricht, sollte er daher seine Persönlichkeit in Ordnung bringen. Auf dem bisherigen Weg sind bereits zahlreiche Hindernisse aus dem Weg geräumt worden, so dass das Fundament fest genug ist, das Miteinander darauf zu stellen.

TEIL V

Das Miteinander
oder:
Die vierte Dimension

1. BEZIEHUNGSKOMPETENZEN

Eine brisante Entscheidung

„Fehler sind das Tor zu neuen Entdeckungen."
JAMES JOYCE

Als Teilnehmer an der Gesellschaft können wir kaum umhin, soziale Fähigkeiten zu erwerben, das geht automatisch und ohne bewusste Anstrengungen. Falls in diesem Bereich dennoch eine Bildungslücke besteht, kommen mehrere Gründe in Frage:

- Schon in der frühkindlichen oder sogar pränatalen Phase haben soziale Enttäuschungen stattgefunden, so dass sich das Interesse am Miteinander nur ungenügend entwickelt hat.
- In der Jugend hat das Individuum massives Mobbing erlebt, das eine angeblich unwiderrufliche Resignation bewirkte.
- Es fehlt das gesunde Selbstbewusstsein, ein für die Gewinnung von sozialer Kompetenz unverzichtbarer Rohstoff.
- Das Zusammenleben wird als zu schwierig empfunden, auf diesem gefährlichen Parkett kann man leicht ausrutschen.
- Umgekehrt wird die Beziehungskompetenz als banal eingeschätzt nach dem Motto: Wenn scheinbar alle Leute über soziale Fähigkeiten verfügen, dann ich erst recht.
- Andere setzen den Begriff „sozial" mit „sozialistisch" und „proletarisch" gleich und meinen, sich snobistisch von diesem Milieu abheben zu müssen.

Doch wer sich den anderen verweigert, verkennt die Brisanz seiner Entscheidung. Die Beziehungsfähigkeit ist keine Eigenschaft, die man beliebig wählen oder abwählen kann, sondern eine Conditio sine qua non wie die Nahrung und die Wohnung. Ein Manko in diesem Bereich verstößt schlicht gegen den Selbsterhaltungstrieb. Es häufen sich die Situationen des Versagens und die Peinlichkeiten bringen neue Ängste hervor. Jeder Tag, an dem wir diesen Störungen entgehen und am Miteinander teilnehmen, ist daher ein gewonnener Tag.

Nischen, durch die der Wind pfeift

„Jeder von uns hat seinen speziellen Gott,
der ihm seine Fehler verbirgt oder deren Unsichtbarkeit
trügerisch garantiert."
MARCEL PROUST

Bei gesellschaftlichen Schwierigkeiten versuchen einige, mit Äußerlichkeiten zu blenden. Man macht sich interessant mit Piercings und Tätowierungen, mit seiner Frisur und Kleidung. Man unterzieht sich Schönheitsoperationen und schmückt sich mit einem attraktiven Partner. Bisweilen zieht man in eine berühmte Metropole, um an ihrem Nimbus teilzuhaben.

Auch Reisen können dazu dienen, die soziale Inkompetenz zu verbergen, je exotischer sie sind, desto mehr. Dagegen wendet Sokrates zu Recht ein: „Was wunderst du dich, dass deine Reisen dir nichts nützen, da du dich selbst mit herumschleppst?"

Andere flüchten in gesellschaftliche Nischen, z. B. in eine Zweierbeziehung. Doch schon die Hochzeitsgesellschaft ist für einen Angstpatienten nicht unproblematisch. Am liebsten würde er in Las Vegas heiraten, was dem Ausweichen eine glamouröse Note verleihen würde.

Die Partnerschaft ist schon aus dem Grund kein geeignetes Rückzugsgebiet, weil sie von Auseinandersetzungen, Trennung und Scheidung bedroht ist. Darüber hinaus erweitert sie sich zwangsläufig um die Verwandten und Bekannten, die mehr oder weniger lästige Pflichten mit sich bringen.

Später wird die Familie zum Hort, der angeblich vor sozialen Unannehmlichkeiten schützt, aber selbst dieses Versteck ist unsicher. Die Familie erfordert etwa die Teilnahme an Elternabenden, Kindergeburtstagen und sonstigen Treffen, die einem Einzelgänger keine ungetrübte Freude bereiten. Im Übrigen findet es nicht jeder Zeitgenosse reizvoll, Souveränität vor allem im Kreis seiner eigenen Kinderschar auszuleben.

Die Unversehrtheit der Wohnung als privater Bereich ist juristisch verbürgt. Doch rechts und links, darüber und darunter leben Leute, die ordentlich nerven können. Selbst die eigene Immobilie ist kein Paradies, sondern nicht selten Anlass für Spannungen und Querelen mit der Nachbarschaft.

Man kann auch in die Arbeitsstelle flüchten, wo der Chef die Anweisungen gibt und daher nicht viel passieren kann. Wenn die Person nicht mehr gebraucht und entlassen wird oder in Rente geht, fällt sie jedoch in ein tiefes Loch. Davon abgesehen ist das Berufsleben selten konfliktfrei und nur angenehm.

Selbst ein Mitarbeiter im Archiv ist nicht vor der Kommunikation gefeit. Unerwartet kann man aufgefordert werden, die schützende Barriere seines Schreibtisches zu verlassen, um in einer Sitzung über den Stand der Dinge zu referieren.

Wer vor allem vor Erwachsenen Angst hat, mag die Arbeit mit Kindern und Jugendlichen wählen; wer sich vor Minderjährigen scheut, zieht die Arbeit mit Erwachsenen vor. Sicheren Schutz vor den anderen bietet keine der beiden Möglichkeiten.

Die Chancen, in einer Nische dem Miteinander zu entgehen, sind wahrhaft überschaubar. Nur kurz lässt sich der äußere Schein wahren, so dass das Leben aus einer endlosen Kette von Seifenblasen besteht. Wenn sie platzen, wird die Persönlichkeit publik und gerät leicht in die gefürchtete öffentliche Diskussion. Der Zeitpunkt und die Umstände der nächsten Offenbarung sind unbekannt, aber dass sie kommt, ist gewiss.

Eine Frage der Bildung?

„Habe nun, ach, Philosophie,
Juristerei und Medizin,
Und leider auch Theologie
Durchaus studiert mit heißem Bemühn.
Da steh ich nun, ich armer Tor,
Und bin so klug als wie zuvor."
JOHANN WOLFGANG VON GOETHE

Andere Zeitgenossen versuchen, die soziale Eingliederung über die Bildung zu bewerkstelligen. Das zur Ausübung eines Berufs erlernte Sachwissen bietet Fakten, man befindet sich also scheinbar auf der sicheren Seite. Doch es ist nur begrenzt haltbar und bietet keineswegs die Zuverlässigkeit, die es verspricht. Wer sich auf dem aktuellen Wissensstand ausruht, kann daher von neuen Entwicklungen überrollt werden.

Personen in einer Führungsposition geraten unweigerlich in Situationen, in denen sie hervortreten und öffentlich kommunizieren müssen. Dann ist es gut, wenn die soziale Kompetenz nicht allein auf Amt und Würden, einem Talar oder einem Doktorhut beruht, sondern auf einem authentischen Ich.

Über die berufliche Qualifizierung hinaus mag sich der sozialängstliche Mensch mit allen möglichen Wissensgebieten beschäftigen. Dabei wird er vielleicht angetrieben von der Vorstellung: Noch diese eine Sache, dann habe ich endlich den Durchbruch geschafft. Dann bin ich so gut mit Wissen ausgestattet, dass ich gegen psychische Störungen gefeit bin.

Fremdsprachen z. B. verleihen den Nimbus, sich international verständigen zu können. Wenn es eine Fähigkeit gibt, die grenzenlose Kontakte garantiert, dann scheinbar diese. Aber eine Fremdsprache hebt Versagensängste nicht automatisch auf. In Anwesenheit von Autoritätspersonen oder Muttersprachlern kann sich die Beklemmung sogar steigern.

Wer seine Umweltverträglichkeit vor allem auf die Bildung aufbaut, macht es sich zu leicht. Auch die beste Bildung kann die Beziehungsfähigkeit nicht ersetzen. Daher ist es möglich, dass ein Ungebildeter souverän auftritt, während ein Gebildeter sich in der Öffentlichkeit recht ungeschickt anstellen kann. Letzterem ergeht es wie Faust, den am Ende der Teufel holt.

Bildung hat viel mit Lernen und Büchern zu tun, aber sie hat primär keinen sozialen Bezug. Typischerweise ist jemand, der im Leben gescheitert ist, oft stolzer Besitzer eines repräsentativen Lexikons. Doch seinem Anspruch auf ein schier grenzenloses Wissen hat offenbar die praktische Umsetzung gefehlt.

Die Behauptung des englischen Philosophen Francis Bacon „Wissen ist Macht" bestätigt sich in dieser pauschalen Form daher nicht. Wahrhaft „mächtig" ist vielmehr der Unwissende, der sich nicht geniert, haarsträubenden Blödsinn öffentlich vorzutragen. Daher trifft eher die Erkenntnis von Lord Byron zu: „Der Baum des Wissens ist nicht der des Lebens."

Der Königsweg

„Was dem Schwarm nicht nützt,
das nützt auch der einzelnen Biene nicht."
MARC AUREL

Im Vergleich zur Sachkompetenz (hard skills) scheint die Beziehungsfähigkeit (soft skills) eine zu vernachlässigende Größe, denn vermeintlich hat niemand Schwierigkeiten damit.

Doch es genügt nicht, abstraktes Gedankengut anzuhäufen. Ohne die praktische Anwendung im wirklichen Leben dient selbst ein außergewöhnlicher geistiger Besitz bestenfalls der eigenen Erbauung. Er kommt nicht in Umlauf und bleibt totes Kapital.

Es kommt auch auf die Vermittlung an. Ein gut funktionierender Stoffwechsel beruht auf dem Gleichgewicht zwischen Input und Output. Theorie und Praxis sind zwei Paar Stiefel, die jedoch zusammengehören und sich ergänzen. Durch den permanenten Austausch bleiben Körper und Geist gesund.

Die Kontaktfähigkeit erleichtert das Leben in allen Belangen. Im Beruf z. B. erleichtert sie den Umgang mit dem Arbeitsteam und den Kunden. Was nützt ein Studium, was eine kaufmännische Ausbildung, wenn man das Wissen nicht in der Praxis umsetzen kann? Und wie sonst will man Beziehungen knüpfen, wie in der Freizeit, im erweiterten Familienkreis, bei Blind Dates kommunizieren?

Soziale Fähigkeiten sind in der Tat unentbehrlich. Während man sich allein mit Sachwissen schwer behaupten kann, ist das Überleben ausschließlich mit sozialer Kompetenz kein Problem. Verkäufer, Reporter und Moderatoren üben ihre Tätigkeit vor allem durch die Vermarktung dieser Begabung aus. Aber auch Betrüger, Heiratsschwindler oder Prostituierte leben ganz gut von ihren sozialen Fähigkeiten.

Auch was das Niveau angeht, lassen diese Fähigkeiten nichts zu wünschen übrig. Die Menschheit ist ein sehr veränderliches Milieu, das erhöhte Anforderungen an die geistige Flexibilität stellt.

Damit ist die Priorität eindeutig festgelegt. Sie gebührt der Praxis, der sozialen Kompetenz, die sich von einer Nebensache zur Königsdisziplin mausert. Jede Fähigkeit unterstützt die Selbstbehauptung und das Miteinander, aber keine so sehr wie die Beziehungsfähigkeit. Wenn sich mehrere Interessenten mit gleicher Qualifikation bewerben, bringen die „soft skills" den entscheidenden Vorteil, sie können sogar ein schlechtes Diplom ausgleichen.

Daher kann der Ehrgeiz bezüglich der Kontaktfähigkeiten nicht groß genug sein. Je karrieresüchtiger wir uns hier zeigen, desto gesünder die Einstellung, desto normaler die Beziehungen, desto erfreulicher das Miteinander. Die wahren Meister in diesen Dingen werden am ehesten vor Überheblichkeit bewahrt, wie uns prominente Persönlichkeiten täglich vor Augen führen.

Teamgeist

„Nichts ist besser geeignet, die Verschmelzung
der widerstrebenden Elemente zu fördern,
als gemeinsame Arbeit und gemeinsame Aufgaben. "
OTTO VON BISMARCK

Soziale Fähigkeiten werden auch als Schlüsselqualifikationen bezeichnet, denn sie öffnen den Zugang zu einem Kunden, einer sympathischen Person oder einer Gruppe. Die Wirtschaft erachtet sie als so wichtig, dass sie in „Assessment Centers" überprüfen lässt, wie kommunikationsfreudig der Bewerber ist und ob er zur Belegschaft passt.

Bestimmte Kriterien liefern ein ziemlich konkretes Bild von unserem Ziel:

- Der teamfähige Mensch ist belastbar, so dass er in einer kritischen Situation freundlich bleibt, auch wenn es schwerfällt.
- Kritik äußert er in angemessener und konstruktiver Form. Im Bewusstsein, dass negative Kritik kaum motiviert, bevorzugt er das Lob.
- Die eigene Meinung vertritt er mit Nachdruck, doch er ist flexibel genug, Anregungen von anderen anzunehmen und zu prüfen.
- Statt selbstherrlicher Entscheidungen zeigt er Kompromissbereitschaft und legt Wert auf einen breiten Konsens.
- Bei einem Streit ist er in der Lage, zwischen den Kontrahenten zu vermitteln, so dass sich deren Energien nicht in unnötigen Auseinandersetzungen aufreiben.
- Im Gespräch bleibt er verbindlich, er achtet auf den Blickkontakt und meidet den schroffen Ton. Anderen schneidet er nicht das Wort ab, vielmehr kann er zuhören und eine Rückmeldung abwarten. Den Zurückhaltenden ermutigt er zu Äußerungen, den Aufdringlichen hält er zurück. Seine verbale Energie reicht aus, um in Sitzungen stundenlang zu diskutieren. Ist eine tragische Nachricht zu überbringen, erledigt er die Aufgabe schonend und taktvoll.

Die Teamfähigkeit verbindet die eigene Persönlichkeit mit der Umwelt. Sie dient nicht nur der Selbsterhaltung, sondern auch den Bedürfnissen der Gemeinschaft. Daher ist sie die ideale Eigenschaft, um das menschliche Urbedürfnis nach Nähe und Gemeinsamkeit zu befriedigen.

2. SELBSTBEHAUPTUNG

Den Stier bei den Hörnern packen

„Der eine wartet, dass die Zeit sich wandelt,
der andere packt sie kräftig an – und handelt."
DANTE ALIGHIERI

Wer Defizite im sozialen Verhalten hat, erntet Konflikte. In der Nachbarschaft kann fast alles für Meinungsverschiedenheiten sorgen: Kinder, ausgelassene Feste, Lärm, Rauch, Grillen, Haustiere, Frösche, Bäume, Müll, Gartenzwerge, der Fernseher, die Hausordnung, das Parken. Die Umwelt ist für niemanden das reine Vergnügen.

Mancher Streit beruht auf Gedankenlosigkeit, es gibt jedoch Zeitgenossen, die keinen Zweifel an ihrer boshaften Gesinnung lassen. Sie wissen genau, wie sie jemanden ärgern können, und verhalten sich aggressiv, indem sie andere beleidigen, anbrüllen, bespucken, ihren Hund als Angstmacher instrumentalisieren und fremdes Eigentum beschädigen.

Der Betroffene hadert mit dem Schicksal, das ihm so schwierige und schreckliche Menschen geschickt hat. Er erwartet, dass es eingreift und wie durch ein Wunder den Frieden herstellt. In eine ähnliche Richtung gehen Zaubersprüche, die den anderen die Pest an den Hals wünschen, aber mit derlei Albernheiten lässt sich die Umgebung nicht entvölkern.

Auf dieses Wunschdenken reagiert ein innerer Mentor mit einer gewissen Ironie: „Hör auf, den Stier bei den Hörnern zu packen, wenn du glaubst, mit Nichtstun weiterzukommen. Mach es dir total bequem, wenn du dir irgendeinen Nutzen davon versprichst. Verzichte auf jegliche Notwehr, wenn dir die Demütigungen und die Opferrolle gefallen."

Doch der Advokat des Teufels ist leicht zu durchschauen. In Wahrheit ist die Passivität die falsche Antwort auf Aggressionen. Wer einem Konflikt ausweicht, besänftigt niemanden, sondern provoziert nur weitere Unannehmlichkeiten. Wir können daher nicht umhin, uns aktiv und durch Taten zu wehren, wobei eine gewisse Angriffslust nicht schaden kann. Alexander der Große hat den Gordischen Knoten auch nicht mit gutem Zureden gelöst, sondern mit einem kräftigen Schwerthieb.

Den Ärger dämpfen

„Handle nie in Wut. Es bedeutet,
im Sturm in See zu stechen."
THOMAS FULLER

Der Ärger wird deshalb als besonders unangenehm empfunden, weil der Angreifer förmlich mit dem Angegriffenen verschmilzt. Schon die kritiklose Verschmelzung mit einem dem Anschein nach integren Vorbild erscheint bedenklich, um wie viel mehr die ungewollte Vereinigung mit einem Beleidiger.

Das negative Gefühl kann sich zu einem Wutausbruch steigern. In der Hoffnung, den Gegner irgendwie zu treffen, schlägt der Angriffene, real und bildlich gesprochen, jähzornig um sich. Der Provozierte benimmt sich wie ein Stier, der gegen ein eigentlich harmloses rotes Tuch anrennt. Je wütender er sich gibt, desto mehr Genugtuung und Heiterkeit verspüren die anderen jedoch.

Wutausbrüche sind kein Zeichen von Temperament, sondern von Hilflosigkeit. Damit gibt der Angegriffene zu erkennen, dass er bis ins Mark getroffen ist und dass ihm im Moment geeignete Gegenmittel fehlen. Seine Reaktion setzt ihn nur dem zusätzlichen Gespött der Umwelt aus.

Das Gewitter im Gehirn widerspricht auch einer achtsamen Einstellung. Mit Wut und Ärger schaden wir uns selbst, denn wir verlieren wertvolle Lebenszeit an eine uns übel gesinnte Person. Wir schütten riesige Mengen an Energie aus, die sich selbst verzehrt, so dass sie für die eigentliche Auseinandersetzung fehlt.

Der Ärger ist ein Produkt des vegetativen Nervensystems, daher ist es die Aufgabe des Willens, das innere Gleichgewicht wieder herzustellen. Indem wir uns bewusst und mit kühler Vernunft von der Provokation distanzieren, können wir das aufgeheizte Gemüt beruhigen. Wir wollen den Ärger nicht, weisen ihn zurück, weigern uns, ihm Platz zu machen. Als Vorbild dienen uns die Asiaten, bei denen Wutausbrüche verpönt sind, weil man dabei sein Gesicht verliert.

Eine Relativierung führt zu mehr Gelassenheit. Zwar nützt es nichts, Provokationen zu verdrängen, aber ebenso wenig müssen wir sie überbewerten. Wenn wir sie möglichst tief hängen, nehmen wir sie als das, was sie sind: als eine Erscheinung, auf die wir gerne verzichten würden, die jedoch zum Leben gehört.

Eine philosophische Einstellung erreicht mehr als die blinde Wut. Wir denken etwa daran, dass Schikanen auch schlimmer ausfallen könnten. Offenbar setzt uns das Schicksal nur Belastungen aus, mit denen wir gerade noch umgehen können und an denen wir reifen. Im Übrigen ist eine Provokation weder eine Majestätsbeleidigung noch eine Existenzbedrohung.

Eine Pause einlegen

„Ein Augenblick Geduld kann viel Unglück verhüten."
CHINESISCHES SPRICHWORT

Bei boshaften Provokationen scheint eine unverzügliche Antwort dringend geboten. Doch eine jagende Raubkatze verhält sich instinktiv richtig. Anstatt sich sofort auf ihre Beute zu stürzen, schleicht sie sich vorsichtig an. Auf diese Weise schont sie ihre Kräfte und erhöht ihre Chancen.

Auch für uns besteht das A und O des Erfolgs in einer kleinen zeitlichen Verzögerung. Wenn wir darauf verzichten, unsere Rachegefühle impulsiv zu befriedigen, wird aus der verselbständigten und entgleisten Reaktion eine kontrollierte Abwehr. Diese enthält mehr Dynamik als die Wut, mit der unsere Kraft wirkungslos verpufft.

Die Pause gibt uns Gelegenheit, über körperliche Funktionen die aufgepeitschten Emotionen zu beruhigen:

- Wir entsinnen uns, dass wir den alten Geist gegen den neuen ausgetauscht haben.
- Wir erinnern uns an die Methoden, das Gehirn zu festigen (vgl. II.3.).
- Wir imaginieren das Gehirn, das Herz und die Lunge und verhindern so, dass die Organe explodieren wie ein Vulkan.
- Wir hören nicht auf, tief und gleichmäßig zu atmen. Der ausgeatmeten Luft geben wir unsere Widerrede mit.
- Wir richten den Körper auf und geben dem Gesicht feste Züge, ohne dabei zu erstarren.
- Wir verzichten auf die Ichhaftigkeit, nehmen uns also nicht so wichtig.

Diese wenigen Beispiele zeigen, dass wir den Umgang mit Provokationen erlernen können. Bereits im Vorfeld sollten wir die angemessene Antwort überlegen nach dem Motto: Wenn mich jemand ärgert, wie werde ich mich das nächste Mal verhalten?

Nachdem wir uns vom Ort des Geschehens entfernt haben, kommt es darauf an, dass wir nicht ständig schwindelerregend um die Aggression kreisen. Sonst brennt sie sich im Gehirn ein, und es wird schwierig, sie wieder zu entfernen. Stattdessen betrachten wir die Situation mit Ruhe und Besonnenheit. Aus dieser Position heraus können wir sie neu bewerten und geeignete Maßnahmen ersinnen.

Narzisstische Gegner

„Es kann der Frömmste nicht in Frieden bleiben,
wenn es dem bösen Nachbarn nicht gefällt."
FRIEDRICH VON SCHILLER

Die Selbstbehauptung gestaltet sich schwierig, falls die äußeren Umstände es mit sich bringen, dass der selbstunsichere Mensch einem Narzissten nicht aus dem Weg gehen kann, z. B. in einer unmittelbaren Nachbarschaft. Da ein Narziss vor allem sich selbst liebt, beansprucht er das Beste und Schönste für sich. Er hält sich für ungeheuer klug, stilsicher, attraktiv, selbstbewusst und charmant. Folglich begehrt er ständig die Bewunderung und Verehrung der anderen.

Die Situation spitzt sich zu, wenn Narzissmus sich mit Bosheit paart. Für Wohlhabende ist selbst diese Konstellation kein großes Problem, denn sie können sich ein großes Grundstück kaufen und damit Konflikten aus dem Weg gehen.

Wer weniger vermögend ist, benötigt eine realistische Sicht. Wer etwa die Schwachpunkte der narzisstisch-boshaften Person erkennt, lässt diese auf ihre natürliche Größe schrumpfen.

Dieser Menschentyp lebt seine Streitlust unbedenklich aus, denn der Sieg scheint ihm gewiss. Er maßt sich das Recht des Stärkeren an, was die Frage nach seiner Fairness aufwirft.

In der Wahl seiner Mittel ist er nicht zart besaitet, vielmehr lebt er nach der Devise, dass der Zweck die Mittel heiligt. So bestehen kaum Skrupel, sich mit Lüge und Hinterlist zusätzlich Vorteile zu verschaffen. Dabei ist er stets raffiniert genug, unterhalb der strafrechtlichen Schwelle zu agieren.

Während er überempfindlich auf die Verletzung seines privaten Bereichs reagiert, missachtet er unbedenklich die territorialen Grenzen der Umwelt.

Ebenso übergeht er die Menschenwürde. Da er die anderen zu seiner Selbstbestätigung braucht, lässt er keine Gelegenheit aus, sie in ihrer Unzulänglichkeit vorzuführen. Selbst der eigene Ehemann bleibt nicht verschont.

Eine unsoziale Einstellung ist naturgemäß Teil der extremen Eigenliebe. Das Wohl der anderen interessiert wenig und Schwächen werden gnadenlos zum eigenen Vorteil ausgenützt.

Warum sollte ausgerechnet ein Typ mit diesem fragwürdigen Profil auf dem Podest stehen? Da er auf seine Art sozial gestört und unvollkommen ist, weshalb sollte er so viel Einfluss auf andere haben? Eher fordert er den Widerstand heraus. Sich ihm zu unterwerfen verbietet jedenfalls die Selbstachtung.

Mit etwas Mut holen wir uns den persönlichen Freiraum zurück. Wenn wir uns nicht alles gefallen lassen, stellen wir den anderen wieder auf den Boden der Wirklichkeit. Schon eine einfache Frage kann das Gegenüber verblüffen, wie z. B.: „Halten Sie es für richtig, dass Sie immer nur sich selbst wichtig nehmen? Was denken Sie sich eigentlich dabei, wenn Sie Ihre Grenzen ständig überschreiten?"

Derartige Anregungen kommen nicht zuletzt der Prinzessin und dem Prinzen zugute. Denn sie erhalten Gelegenheit, die egomanische Einstellung zugunsten einer etwas verbindlicheren und verträglicheren Haltung aufzugeben.

Wie man Konflikte entschärft

„Eines der wirksamsten Verführungsmittel des Bösen
ist die Aufforderung zum Kampf."
FRANZ KAFKA

Aggressionen lassen sich nicht verhindern, aber wie wir darauf reagieren, bleibt uns überlassen. Wir könnten uns z. B. auf einen Krieg einrichten. Aber die Vorstellung von einem Krieg ist dem zivilen Leben fremd, und sie kennt nur zwei Möglichkeiten: Sieg oder Niederlage.

Klug handelt vielmehr derjenige, der es versteht, aus Gegnern Verbündete zu machen. Warum eine Bastion in Schutt und Asche legen, wenn man sie mit diplomatischem Geschick leichter einnehmen kann? Die anderen sind leichter zu beeinflussen, wenn sie nicht den Eindruck bekommen, man wolle sie dominieren oder auch nur belehren.

Der neue Geist bevorzugt einen flexiblen Stil, der die ganze Bandbreite der Aktionen und Reaktionen umfasst. Und nur bei schwerwiegenden Aggressionen und nachdem alle anderen Mittel ausgeschöpft sind, kommt der Gang zum Gericht infrage.

Bei allen unseren Maßnahmen besteht das oberste Ziel in der Wahrung einer gewissen Distanz. Wir sollten darauf achten, nicht den Schuh anzuziehen, den uns ein anderer hinwirft.

Manchmal will der Angreifer lediglich wissen, aus welchem Holz der andere geschnitzt ist und ob er als Opfer taugt. Eine Provokation ist dann eine sportliche Herausforderung, bei der ein Punktgewinn die Laune zu heben vermag.

Ein echter Konflikt lässt sich von der persönlichen auf eine sachliche Ebene verlagern. Die Taktik geht zwar auf die Unverschämtheiten ein, aber anders, als es das Gegenüber erwartet. Sie bewirkt jedenfalls mehr als eine wütende Erregung.

Auf eine Grobheit müssen wir nicht mit einer Grobheit antworten, ein Lächeln zeigt mehr Überlegenheit. Wenn wir den Spieß umdrehen und trotz allem freundlich bleiben, verlassen wir das Niveau des anderen.

Es ist auch keineswegs nötig, eine provokante Äußerung Wort für Wort zu zerpflücken, damit würde ihr zu viel Bedeutung verliehen. Schläge unterhalb der Gürtellinie verdienen ohnehin keine intellektuelle Mühe. Wer mit einer gewissen Schlagfertigkeit gesegnet ist, kann angemessen reagieren, etwa auf diese Weise: „Das ist ja seltsam, dass ausgerechnet Sie das sagen. Meinen Sie etwa sich selbst damit?"

Einfache Anzüglichkeiten müssen wir nicht auf die Waagschale legen, wir können sie auch mit Humor parieren. Damit bringen wir zum Ausdruck, wie unwichtig sie für uns sind. Ironische Bemerkungen wie „Dankeschön" oder „Zugabe" oder „Weiter so" lassen sie ins Leere laufen.

Welche Maßnahme sich in einer aufgeladenen Situation auch immer anbietet, sie sollte sozialverträglich bleiben. Eine gepflegte Streitkultur verletzt den anderen nicht nachhaltig, so dass die Tür für eine spätere Aussprache oder Versöhnung offensteht.

3. DAS FREIE SPRECHEN

Verräterisches Schweigen

„Ich bin nicht entmutigt, denn jeder erkannte Irrtum
ist ein weiterer Schritt nach vorn."
THOMAS ALVA EDISON

Innere Monologe sind ein Indiz dafür, dass der Mensch lieber mit seinem verlässlichen Ich als mit der unberechenbaren Umwelt spricht. In der Öffentlichkeit äußert er sich eher leise, damit er nicht auffällt, am liebsten schweigt er jedoch. Wer vor allem denkt und wenig sagt, erschwert allerdings seine Integration.

Der Vermeider will den Eindruck erwecken, aus taktischen Gründen zu schweigen, so dass er sich gern mit dem Sprichwort rechtfertigt: „Reden ist Silber, Schweigen ist Gold." In Wahrheit wird er nicht von Klugheit gelenkt, vielmehr verhält er sich wie der Fuchs in der Fabel, dem die Trauben angeblich zu sauer sind, während sie unerreichbar hoch hängen.

Aber man kann nicht ständig die gleiche Veranstaltung besuchen, ohne sich verbal einzubringen. Unerbittlich rückt die Zeit vor und man muss Farbe bekennen oder wird als uninteressant eingeschätzt. Daher gestaltet sich der Aufenthalt in der Stammkneipe umso problematischer, je öfter man sie aufsucht und dennoch im Abseits bleibt.

Der Kommunikation aus dem Weg zu gehen ist keine Lösung. Wer scheinbar nie etwas zu sagen weiß, kompromittiert sich genauso wie jemand, der zu viel redet, und wiegt sich daher in falscher Sicherheit.

Zum Vorschein kommt ein Mensch, der seine sozialen Schwierigkeiten verbergen will; der es vorzieht, im Hintergrund zu bleiben; der vergeblich versucht, das Gesicht zu wahren.

Der Schweiger, der sich geschworen hat, nie wieder in der Öffentlichkeit zu reden, kann nicht mehr umhin, den Eid aufzuheben. Persönliche Entschlüsse sind keine ewigen Gesetze wie die zehn Gebote, sondern sind laufend zu überprüfen und der Wirklichkeit anzupassen. Ein Versprechen, das nichts als Unheil gebracht hat, muss man nicht halten, zumal man damit keinem anderen gegenüber wortbrüchig wird, sondern lediglich seinen eigenen Irrtum revidiert.

Auch die Psychotherapie und die Pharmaindustrie bemühen sich, verbale Äußerungen zu erleichtern. Doch warum nicht von vornherein auf die Hilfsmittel verzichten und stattdessen sich zu seinen Redefähigkeiten bekennen – allein aufgrund der Überzeugung, die richtige Wahl zu treffen? Dann ist man stabil genug, um sich unbefangen auszutauschen, egal in welchem Rahmen.

Absurde Bedenken

„Mancher Gedanke fällt um wie ein Leichnam,
wenn er mit dem Leben konfrontiert wird."
CHRISTIAN MORGENSTERN

Die verbalen Herausforderungen hören nicht auf. Es gibt keinen sozialen Leerraum, wo ewiges Schweigen herrscht, so dass eine Flucht vor dem Sprechen aussichtslos ist wie die Flucht vor der Gesellschaft selbst. Die Begegnungen reihen sich aneinander, und wer nichts oder nur das Nötigste von sich preisgibt, bleibt ein Statist.

Daher befindet sich der scheue Einzelgänger in einem schier unlösbaren Dilemma. Einerseits gerät er immer wieder in die für ihn missliche Lage, liefern zu müssen, andererseits kennt und fürchtet er den Ausbruch der Redeangst. Er kennt seine entstellte Stimme, die seine Ängste entlarvt und das Miteinander verhindert. Befrachtet mit dieser Hypothek wird der mündliche Ausdruck zu einer existenziellen Bedrohung.

Eine Plaudertasche als Lebenspartner kann diesen Part im Leben kaum übernehmen. Nicht immer tritt das Paar zu zweit auf, so dass jeder selbst Rede und Antwort stehen muss. Außerdem kann der redselige Partner den schweigsamen auch im Stich lassen oder ungeheuer viel reden, aber wenig Gescheites.

Um sein Schweigen zu rechtfertigen, errichtet der Mensch unüberwindliche Hürden. In der Vorstellung summiert er etwa sämtliche Vorzüge seiner Zuhörer: das gute Aussehen, die Intelligenz, Charme und Charisma. Und er flüchtet sich in die Vorstellung, nur wenn er ein Gegengewicht dazu bilde, sei er in der Lage, einen Vortrag zu halten. Bei einem Fernsehinterview müsse er sich demnach mit einem Millionenpublikum multiplizieren.

Aber natürlich kann man seine Vorzüge nicht beliebig vermehren. Vor hundert Anwesenden kann man weder seine Muskelkraft noch seine verbalen Fähigkeiten mit einem Schlag um das Hundertfache erhöhen. Schon eine plötzliche Steigerung um das Fünffache ist unmöglich und das Streben danach führt unweigerlich zum Kurzschluss.

Die Vorstellung von der wundersamen Vermehrung der eigenen Ressourcen ist ebenso abwegig wie anmaßend, denn die Verwirklichung ergäbe eine Größe, die kein Mensch je erreichen kann. Die höhnischen und spöttischen Reaktionen der Umgebung weisen das Ansinnen – zu Recht – in seine Schranken. Sie lassen – zu Unrecht – eine unüberwindliche Sprechblockade entstehen, so dass sich der Mensch vornimmt, von nun an in der Öffentlichkeit den Mund zu halten.

Tatsächlich reicht für den Sprechakt die persönliche Energie vollständig aus, egal, wie groß die Menschenmenge ist, an die man sich richtet. Es kommt lediglich darauf an, das vorhandene Potential voll einzusetzen. Ein erhöhter Bedarf, etwa bei einer mehrstündigen Debatte und in großen Räumen, lässt sich durch eine gute Sprechtechnik oder ein Mikrofon ausgleichen.

Verlockende Angebote

„Es ist unmöglich, die Menschen zu kennen,
ohne die Macht des Wortes zu kennen."
Sigmund Freud

In einer Vielzahl von Situationen erweist sich die verbale Ausdrucksfähigkeit als unverzichtbar. Wir benötigen sie in der Nachbarschaft, bei der Wohnungssuche, beim Verkauf eines gebrauchten Autos, bei Besuchen, auf Partys, bei Jubiläumstreffen, Versammlungen, gerichtlichen Vorladungen. Nicht zuletzt beugt sie der Einsamkeit und Lebensferne vor.

Eine angenehme Ausdrucksweise hilft bei der Partnersuche. Wenn eine Frau einen Lebensgefährten sucht, erwartet sie vor allem eine gute Unterhaltung, das heißt, der gewünschte Partner soll sich als redefreudig erweisen. Im Falle einer geringen Eloquenz dagegen könnte sie wenig schmeichelhaft über den Kandidaten urteilen, selbst wenn er hervorragende fachliche Qualifikationen mitbringt.

Auch beruflich ist eine verbale Begabung kein Nachteil, etwa bei Vorstellungsgesprächen und im Umgang mit Kunden und Vorgesetzten. In zähen Verhandlungen ermöglicht sie den Durchbruch. Wer in der Lage ist, aus dem Stand heraus eine Ansprache vor versammelter Mannschaft zu halten, empfiehlt sich für eine Führungsposition. Eine übertriebene Schüchternheit verhindert dagegen schon die Teilnahme an einem Fortbildungskurs, über den man hinterher im Arbeitsteam referieren darf.

Nicht zuletzt ist die Redegabe im politischen Geschäft unentbehrlich. Schülersprecher, Betriebsräte, Abgeordnete unterschiedlichster Herkunft werden gewählt, weil sie die Interessen anderer vertreten können. Wer dagegen seinen Standpunkt nur ungern mitteilt, muss in Kauf nehmen, dass andere die Weichen stellen und unliebsame Entscheidungen treffen.

Kunstmaler erklären ihre Werke auf einer Vernissage, die sie, falls sie es sich leisten können, als ein spektakuläres Fest inszenieren. Musiker sind grundsätzlich in der Lage, ihre Darbietung verbal vorzustellen. Autoren treten anlässlich einer Dichterlesung auf und diskutieren über ihre Texte in kleinen Zirkeln oder vor großem Publikum. Auch Film- und Bühnendarsteller leben von der verbalen Unabhängigkeit.

Der sich als sensibel einstufende Angstpatient registriert mit Erstaunen, dass die ebenfalls als empfindsam geltenden Künstler sich offenbar gut vermarkten.

Rhetorische Grundlagen

„Man widerspricht oft einer Meinung,
während uns nur der Ton, mit dem sie vorgetragen wurde,
unsympathisch ist."
FRIEDRICH WILHELM NIETZSCHE

Anzeichen wie das Erröten oder zitternde Hände machen soziale Ängste sichtbar, die Stimme verrät sie akustisch. Wer seine verbalen Verzerrungen ohne Betäubung aushält, mag fortfahren wie bisher und alle Spielarten der Peinlichkeit auskosten, vom Krächzen bis zum Stottern. Doch wer ein erfreuliches Miteinander vorzieht, kann nicht umhin, die Weichen umzulegen.

Der Laut entsteht im Kehlkopf, wo die beiden Stimmbänder die Stimmritze bilden. Beim Einatmen öffnet sie sich, beim Ausatmen schließt sie sich, und der ausfließende Luftstrom bringt die Stimmbänder zum Klingen. Ein harmonisches Ineinandergreifen der Rädchen kennzeichnet das gelungene Sprechen.

Mehrere Resonanzräume verstärken den Laut: die Brust, der Bauch, der Hals, die Mundhöhle mit Lippen, Zunge und Gaumen, die Nase mit den Nasennebenhöhlen. Selbst der Schädel kann deutlich vibrieren.

Das Sprechen ist ein exhibitionistischer Akt, aber muss man deswegen unnötig laut, überbetont, übertrieben reden? Ein annehmbares Reden entsteht eher, wenn wir zwar nicht auf unsere Persönlichkeit, wohl aber auf die Ichhaftigkeit verzichten. Wir wollen ja nicht die Welt verändern, sondern einen Beitrag zu einer Erörterung leisten.

Eine gute Rhetorik ist keineswegs selbstverständlich, so dass sie seit dem Altertum gelehrt wird. Vom griechischen Redner Demosthenes ist überliefert, dass er mit Kieselsteinen im Mund übte, die Meeresbrandung zu übertönen, um seine schwache Stimme und sein zögerliches Reden zu überwinden.

Die Atmung zu blockieren ist keine gute Idee. Man erwartet eine verbale Stabilität, stattdessen wirkt man auf die anderen wie vor Schreck erstarrt.

Wir können daher nicht umhin, der Atmung neuen Schwung zu verleihen. Wenn wir zum Reden ansetzen, holen wir tief Luft und stärken damit auch das Ausatmen. Die Betonung liegt auf dem Ausatmen, denn es trägt das Sprechen und Singen. Je kräftiger wir einatmen, desto gefestigter klingt auch unsere Stimme. Erfahrene Bühnenleute empfehlen daher bei Lampenfieber, erst einmal auszuatmen, um Platz für frische Energie zu schaffen.

Das tiefe Einatmen führt zu einer wichtigen Grundregel. Diese lautet, aus dem Zwerchfell oder dem unteren Bauch heraus zu sprechen. Zumindest sollte die Stimme aus der Brust kommen, denn im Kehlkopf entsteht die unangenehme Kopfstimme.

Ein zu hastiges und undeutliches Sprechen ist typisch für jemanden, der eine lästige Pflicht möglichst rasch hinter sich bringen will. Hier ist das Sprechen zu entschleunigen, jedes Wort braucht seine Zeit und bekommt sie.

Vor dem Weiterreden sorgt eine Pause für eine bessere Wirkung: „Erst wenn der Pfeil gelandet ist, spanne den Bogen neu" (Marcus Tullius Cicero). Eine Redepause von bis zu acht Sekunden stört ohnehin nicht.

Eine abwechslungsreiche Sprechweise verhindert die Monotonie. Sie sollte wie die Oktaven in der Musik möglichst viele Höhen und Tiefen umfassen. Aus dem Wechsel von laut und leise, hell und dunkel, langsam und schnell entsteht eine lebendige Satzmelodie.

Auch beim Sprechen sind Extreme zu vermeiden. Eine ausgewogene Stimme klingt gefestigt, aber nicht gequetscht, und flexibel, aber nicht aufgeweicht. Scheint sie wie aus einer Gruft zu kommen, wird sie aufgehellt, überschlägt sie sich jedoch, so dass sie grell und schrill ertönt, wird sie gesenkt.

Das Reden muss nicht mit großer Lautstärke vorgetragen werden. Auch eine sanfte Stimme trägt weit, wenn von Energie erfüllt. „Wer seinen Willen durchsetzen will, muss leise sprechen", empfiehlt Jean Giraudoux.

Auf der Grundlage einer erneuerten verbalen Einstellung springt der Korkpfropfen aus dem Flaschenhals. Der Mechanismus, der das Reden zurückhielt, öffnet sich, so dass die Worte hervorsprudeln und von allein den richtigen Ton treffen. Dann fließen sie flink wie das Bächlein in der Wiese, rasant wie eine Stromschnelle oder gemächlich wie ein gewaltiger Fluss, je nach der Situation.

Verbaler Mut

„Das Große ist nicht, dies oder das zu sein,
sondern man selbst zu sein."
SØREN KIERKEGAARD

Zugegeben: Ein verbaler Auftritt erfordert einigen Mut, doch Mut ist machbar.

Öffentliches Reden gelingt nicht quantitativ, also über die Anzahl der Zuhörer, sondern qualitativ, also über die Qualität der eigenen Person. Abgeleitet von lateinisch „personare", deutsch: „hindurchtönen", weist der Begriff darauf hin, dass das Reden in Wahrheit durch die eigene Person zustandekommt.

Damit ist auch das oft unterschätzte Smalltalk rehabilitiert, das in Wirklichkeit eine besondere verbale Geschicklichkeit verlangt. Der

Sprecher muss seine Persönlichkeit zeigen, denn er kann sich nicht hinter seiner Fachkompetenz verstecken, hinter Zahlen und Fakten. Ihm steht nur das lockere und charmante Plaudern zur Verfügung, um sich zum Sympathieträger zu machen und Geschäftsbeziehungen aufzubauen.

Neben der Authentizität ist das Selbstbewusstsein eine weitere Voraussetzung für den verbalen Mut: Hört mich an, akzeptiert meine Meinung oder lasst es sein. Wir sollten uns jedenfalls nicht von vornherein unterordnen. Je robuster die Persönlichkeit ist und je besser sie gleichzeitig zurückgenommen und beherrscht wird, desto eher kann sie sich auch vor einer Gruppe äußern.

Der Introvertierte bevorzugt eher das Lesen, der Extrovertierte das Reden. Von Ausnahmen abgesehen lässt sich nicht das sprichwörtliche Schweigen, sondern der ungehinderte Einsatz aller rhetorischen Fertigkeiten zu Gold machen. Das veranschaulichen z. B. Quizsendungen im Fernsehen, bei denen es auf das Wissen ankommt, aber auch auf Intuition, einen kühlen Verstand und ein unerschütterliches Selbstbewusstsein.

Zwar hat auch die extrovertierte Person ihre Eigenarten. Böse Zungen sagen ihr etwa Oberflächlichkeit, eine geringe Ausdauer und eine gewisse Aufdringlichkeit nach. Mit ihrer Geschwätzigkeit riskiert sie, in ein Fettnäpfchen zu treten und wie der Introvertierte an den Erwartungen der anderen vorbeizureden.

Aber grundsätzlich ist das nach außen gerichtete Sprechen die günstigere Kommunikationsform. Nicht ohne Grund bevorzugt das Auswärtige Amt den Bewerber, der sich beispielsweise als Laienschauspieler profiliert hat. Und manch ein ehrgeiziges Filmsternchen provoziert absichtlich einen Skandal, um Aufmerksamkeit zu erregen und im Gespräch zu bleiben.

Ausgestattet mit einem neuen Geist kann es der Mensch genießen, im Mittelpunkt zu stehen. Seine Stimme ist klangvoll und weit zu hören. Er verfügt über den nicht zu unterschätzenden Mut, seine Persönlichkeit unabhängig von der Anzahl und der Bedeutung der anwesenden Personen auszubreiten. Dabei sind auch gewagte und spontan-kreative Formulierungen möglich. Obendrein erschöpft sich die verbale Energie nicht, diese erneuert sich vielmehr ständig durch anregende Begegnungen.

Dabei werden nicht nur sachliche Inhalte, sondern auch Emotionen vermittelt. Bisweilen geschieht das so dynamisch, dass die Halsschlagadern anschwellen. Während der Oscar-Verleihung bringen die Ausgezeichneten eine emotionale Danksagung zustande, obwohl sie sich in einer ungewöhnlich extrovertierten Lage befinden. Die Introversion und die Extroversion schließen sich also nicht aus.

Als Edith Piaf gefragt wurde, was der glücklichste Augenblick in ihrem Leben war, antwortete sie: „Immer wenn der Vorhang aufging." Ähnlich sollten wir normale Menschen antworten: „Immer wenn ich in die Welt hinausgehe, um mich mit den anderen auszutauschen."

Der mit den Zuhörern tanzt

„Reden lernt man durch Reden."
MARCUS TULLIUS CICERO

Bei Auftritten vor großem Publikum besteht die Schwierigkeit darin, als Einzelner einer Menschenmenge gegenüberzustehen. Es gilt, den Spagat zwischen einer total ichbezogenen und einer total dubezogenen Situation zu verkraften. Da der Sprecher sich gegenüber seinen Zuhörern klar in Unterzahl befindet, scheint es von vornherein aussichtslos, eine Ansprache zu halten.

Doch die Menge kann nicht der Maßstab für den verbalen Erfolg oder Misserfolg sein. Eine Zahl gehört nicht zu den rhetorischen Mitteln, sie ist daher für den eigentlichen Vortrag unerheblich. Aussagen, die bei klarem Verstand als richtig und gut gelten, werden nicht dumm, nur weil wir sie in der Öffentlichkeit verkünden.

Die tägliche Erfahrung beweist die Ohnmacht der Zahl. Hätte sie irgendeine Bedeutung, könnte kein Radiomoderator seinen Beruf ausüben, und kein Zuhörer würde anrufen, um seine Meinung mitzuteilen. Aber selbst ein schlichtes Gemüt kann es oft kaum erwarten, Banalitäten vor laufenden Fernsehkameras auszubreiten.

Die zweite Herausforderung besteht im Erscheinungsbild der Zuhörer, die als eine formlose, anonyme Menge erscheinen. Voller Erwartung sitzen sie da, die Arme verschränkt, die Schreibutensilien griffbereit. Wie ein kafkaesker Gerichtshof wirken sie, begierig zu kritisieren und zu verurteilen, so dass sich eine gewaltige Anspannung aufbaut.

Wie kann der Redner also mit diesem scheinbaren Block umgehen? Soll er sich etwa anstecken lassen und ebenso zurückstarren? Wohl kaum. Es führt kein Weg daran vorbei, die Situation auszuhalten und zu verwirklichen, dass die Zuhörer aus Individuen bestehen. Die anderen unterscheiden sich alle hinsichtlich der Kleidung, der Gestalt und der Begabungen, alle denken und fühlen anders, eilen aus verschiedenen Anlässen geschäftig hierhin und dorthin.

Wer das Thema in den Mittelpunkt stellt, entfernt sich von der eigenen Person und seinen Versagensängsten, weil er sich in den Dienst der anderen stellt. Auch in Prüfungssituationen vermag die Sache ichhafte Allüren zu neutralisieren. Was immer der Gegenstand sein mag, derjenige hat gut gesprochen, der die Zuhörer mit einem Gefühl der Bereicherung entlässt.

Der Inhalt muss keineswegs perfekt oder genial sein, wichtiger ist die Art der Präsentation. Wer Törichtes mit leichter Zunge sagt, erreicht die anderen eher als derjenige, der allzu bemüht etwas Gescheites verkünden will. „Ich behaupte, dass eine mittelmäßige Rede unter der Gewalt eines vollendeten Vortrags mehr Eindruck macht als die vollendete, bei der der Vortrag mangelt" (Marcus Fabius Quintilianus).

Einem geschickten Redner gelingt es, angenehme Schwingungen zwischen sich und dem Publikum herzustellen. Er hat einen guten Draht zu jedem Einzelnen der Zuhörer, so dass er seinen Vortrag ohne Schwächeanfall und ohne Blackout durchhalten kann. Bühnendarsteller besitzen die Gabe, die Stimmung im Saal wahrzunehmen und darauf zu reagieren.

Auch für den gewöhnlichen Redner bleibt wichtig, dass er in Bewegung bleibt. In flinker Abfolge verändert er die Kopfstellung, ohne hektisch zu wirken. Statt geradeaus zu starren, schweift der Blick über die Zuhörer, von links nach rechts, von vorne nach hinten und umgekehrt. Die Lockerheit des gesamten Körpers und die variable Stimme verraten den Sprecher, den die Menge relativ wenig beeindruckt.

4. SOZIALE VERTRÄGLICHKEIT

Mitten unter Menschen

„Niemand kann dir die Brücke bauen,
auf der gerade du über den Fluss des Lebens schreiten musst,
niemand außer dir allein."
FRIEDRICH NIETZSCHE

Die Umwelt ist unser natürliches Biotop, sie umgibt uns wie die Flora und Fauna. Wir müssen uns ihr nicht auf Schleichwegen nähern oder uns mühsam den Zugang freischaufeln, denn wir sind bereits in unserem Lebensraum angekommen. Bevor wir uns auf unnötige Eskapaden einlassen, öffnen wir einfach die Augen und stellen fest, wo wir uns befinden.

Insofern können wir nicht unverbunden sein. Der Mensch kann sich noch so sehr bemühen, den anderen auszuweichen, es ist vergebens. Er kann nicht über seine Integration an sich verfügen, die auch ohne sein Dazutun immer vorliegt, so dass der Widerstand gegen das Miteinander sinnlos ist.

Das Vermeiden ist noch aus einem anderen Grund paradox. Wir wollen inmitten der Gesellschaft und doch wie auf einer einsamen Insel leben. Wir wollen dazugehören und uns behaupten, vielleicht sogar Anerkennung und Zuneigung, aber gleichzeitig halten wir uns fern. Das bedeutet nichts anderes als die Quadratur des Kreises.

Die anderen nehmen auch von sich aus den Kontakt zu uns auf. Als Mitbewohner, als Käufer und Verkäufer, als Sportfreunde sprechen sie uns laufend an. Vielleicht wollen sie sich nur unterhalten, damit ihnen nicht die Decke auf den Kopf fällt. Aber mehr als oberflächliche und vereinzelte Kontakte kommen so kaum zustande.

Die Verbindung ist viel zu wichtig, um sie allein den Außenstehenden zu überlassen. Wir haben die Integration zwar nicht in der Hand, wohl aber die Art und Weise der Ausgestaltung. Das Wie entscheidet über die Enge oder die Weite unseres sozialen Horizonts. Damit das Miteinander nicht öd und leer bleibt, erfüllen wir es mit Leben und gestalten Beziehungen achtsam aus.

Im eigenen Interesse

„Vieles kann der Mensch entbehren,
nur den Menschen nicht."
Ludwig Börne

Wir befinden uns nicht nur notgedrungen unter den Menschen, sondern haben allen Grund, sie auch von uns aus anzunehmen. Obwohl Freundlichkeit nicht immer zu ihren Stärken gehört, haben sie es nicht verdient, dämonisiert zu werden. Ihre Angebote überzeugen sogar einen erklärten Menschenfeind, im Zusammenleben keine Begrenzung zu sehen, sondern eine Bereicherung.

In erster Linie dient das Miteinander nicht der Verwirklichung von großartigen Wünschen. Vielmehr geht es um die Befriedigung elementarer Bedürfnisse. Dabei denken wir nicht nur an die Errungenschaften der Zivilisation oder an materielle Annehmlichkeiten. Jeder Mensch bedarf irgendwann der Hilfe, etwa im Krankheitsfall oder beim Hausbau.

Auch geistig benötigen wir immer wieder Anregungen. Kritik und Lob wirken als Leitfaden, so dass die Umwelt trotz aller Unberechenbarkeit der einzige Weg zur Selbstfindung bleibt. Wie ein Gegenstand durch das Licht in Erscheinung tritt, so erkennen wir unser Wesen nur, weil die anderen es reflektieren. Was immer wir im Leben erreicht haben, es ist gelungen, weil wir uns auf das Du eingelassen haben.

Erst durch die Gemeinschaft erhält das Leben einen Sinn. Dabei geht es etwa um das Arbeiten im Team, um partnerschaftliche Beziehungen oder das Feiern unter Gleichgesinnten. Wenn wir nichts von unserer Persönlichkeit weitergeben, neigen wir zu Grübeleien. Wenn wir dagegen Freud und Leid teilen und Verantwortung für andere übernehmen, werden wir wie eine dürstende Pflanze aufgerichtet. Vielleicht wird uns sogar die Gunst zuteil, dass wir jemanden lieben dürfen und geliebt werden.

Anfangs mag das Miteinander kaum verlockender erscheinen als das Vermeiden. Vielmehr kommt es uns vor, als müssten wir uns auf eine schwankende Seilbrücke begeben, so dass uns das Herz bis zum Hals schlägt. Aber es gibt keine Alternative, um zu den Menschen auf der anderen Seite zu gelangen. Hinterher fühlen wir uns wohl, denn wir haben Mut gezeigt und können aufrecht gehen.

Der Bedeutungslosigkeit entgehen

„Unsere Fehler und Gebrechen sind nicht lächerlich an sich, aber lächerlich ist unser Versuch, sie verstecken zu wollen."
GIACOMO GRAF LEOPARDI

Jeder Mensch wird bemerkt. In seinem Umfeld ist niemand ein unbeschriebenes Blatt und niemand entgeht der allgemeinen Aufmerksamkeit. Auch der Vermeider wird nicht weniger registriert als sein extrovertierter Zeitgenosse. Auch für ihn interessieren sich die anderen, so dass seine Fluchten wenig Sinn machen. Diese werden zwar für eine Übergangszeit toleriert, aber nicht auf Dauer.

Der Vermeider fällt nicht nur auf, er nimmt sogar eine exponierte Stellung ein. Wer immer und ewig und grundsätzlich in den Hintergrund strebt, nimmt allerdings den Negativpol der Auffälligkeitsschiene ein. Die Spekulationen von außen sind wenig schmeichelhaft. Was mag die Person verbergen? Hat sie vielleicht ein Innenleben wie eine leere Höhle? Oder fehlt der Mut, sich öffentlich zu äußern? Und überhaupt, wer richtig tickt, muss nicht vermeiden.

Tatsächlich gibt es kaum eine bessere Methode, sich bloßzustellen, als durch das Ausweichen. Das bedeutet: Was der Mensch fürchtet und wovor er flieht, ist bereits Wirklichkeit. Daher täuscht sich derjenige, der meint, soziale Herausforderungen von einigem Gewicht ständig ignorieren zu können, ohne sein Ansehen zu beschädigen.

Man kann sich nicht nicht entscheiden. Wer nicht bereit ist, sich gelegentlich in den Mittelpunkt einer großen Gruppe zu stellen, wählt automatisch die Bedeutungslosigkeit. Dies ist die Quittung, die man für seinen gewohnheitsmäßigen Rückzug erhält, spätestens als Lebensbilanz.

Scheinbar haben wir nur die Wahl zwischen zwei Übeln, zwischen dem Ausweichen und der Konfrontation:

Mit dem Vermeiden machen wir die Bedeutungslosigkeit zur Gewissheit. Wir wollen nicht unangenehm auffallen und ernten doch nur Geringschätzung. Diese bleibt jedenfalls nicht aus, nur weil die Umgebung nicht in ein schallendes Gelächter ausbricht, sondern lieber hinter unserem Rücken lästert.

Wenn wir jedoch auf die anderen zugehen, halten wir die Option offen, akzeptiert zu werden. Wir können Anerkennung nur bekommen, sofern wir unsere Fähigkeiten auch in der Öffentlichkeit entfalten. Wann immer sich die Gelegenheit bietet, mischen wir uns daher ein, unübersehbar und unüberhörbar. Wir können nicht nicht auffallen, also lasst uns positiv auffallen.

Der Verzicht auf das Vermeiden ist also nicht das kleinere Übel, sondern der Wendepunkt in unserem Leben. Auf diese Weise und mit etwas Mut können wir am ehesten der Verachtung entkommen, zumal auch das Ertragen der Bedeutungslosigkeit einigen Mut erfordert.

Rückkehr zur Erde

„Wer fliegen lernen will, muss zuerst
mit beiden Beinen auf dem Boden stehen."
FRIEDRICH WILHELM NIETZSCHE

Der Mensch geht dem Miteinander aus dem Weg, indem er den anderen nach oben und unten ausweicht. Dabei befindet er sich wie in einer riesigen senkrechten Röhre, die von einer Scheibe in zwei Hälften geteilt wird. Wenn er von einem Pol zum anderen eilt, verfehlt er regelmäßig die Erde und ihre Bewohner, symbolisiert durch die Scheibe.

In der Rolle des sozialen Überfliegers erhebt er sich über die anderen und blickt auf sie herab. Doch je weiter er in unendliche Sphären strebt, desto dünner wird die Luft und schließlich endet das Unternehmen in einer Katastrophe. Diese Abstürze sind möglicherweise der Hintergrund von Träumen mit dem Thema Höhenangst.

Statt immer weiter abzuheben, können wir uns an einem Piloten ein Beispiel nehmen. Mit mehreren Durchsagen erhält er den Kontakt zu den Passagieren aufrecht. Er fliegt über den Wolken und doch parallel zur Erdoberfläche, mit der er stets über Funk verbunden bleibt. Wenn er zur Landung ansetzt, kehrt er vollends zur Menschheit zurück.

Nach seinem Scheitern in der Höhe kann der Mensch versuchen, über das Gegenteil das Miteinander herzustellen. Konkret taucht er in soziale Untiefen ab, indem er sich nicht um Anerkennung bemüht, von Beliebtheit ganz zu schweigen. In diesem Fall strebt er danach, sich über die Selbstdemütigung einen Platz in der Gesellschaft zu ergattern. In Wirklichkeit findet das Gegenteil statt, denn auch das Abtauchen vergrößert den Abstand zu den anderen.

Schon bald stellt sich ein Überdruss vor dem Leben in der Kanalisation ein. Die Tiefe erscheint wie eine stinkende Kloake, die eher für Ratten taugt, so dass sich der Aufenthalt recht ungemütlich gestaltet. Außerdem verlangen die knapper werdenden Ressourcen nach der Umwelt, nach

Licht und frischer Luft. Wie ein Taucher muss daher auch der sozial Untergetauchte immer wieder an die Oberfläche zurück.

Typische Bedenken können die unvermeidliche Rückkehr behindern. Wer von oben kommt, befürchtet vielleicht, zu tief zu sinken und so die Gesellschaft zu verfehlen. Wer von unten auftaucht, den mag die Vorstellung beunruhigen, über das Ziel hinauszuschießen und der Arroganz zu verfallen. Beide Befürchtungen gehen jedoch am Miteinander vorbei.

Wie die Freiheit weder für den Piloten noch für den Taucher grenzenlos ist, dürfen auch wir uns mit dem Boden der sozialen Wirklichkeit anfreunden. Zwar kann dieser hart sein, aber wenn wir fallen, stehen wir wieder auf. Im Gegensatz zu den Verirrungen nach oben und unten können wir uns über die natürlichen Fähigkeiten mit den anderen auf Augenhöhe verbinden.

Der Blick nach vorn

„Nur der blickt heiter, der nach vorwärts schaut."
FERRUCIO BUSONI

Drittens kann der Mensch seiner Umgebung rückwärts ausweichen. Wenn er auf diese Weise an den hinteren Rand der Gesellschaft rutscht, ergibt sich die Lösung von allein: aus dem Hintergrund hervortreten und vorwärtsgehen. Das Voranschreiten bedeutet Fortschritt, das heißt, wir kommen sowohl in der persönlichen Entwicklung als auch im Miteinander weiter.

Diese Art der Annäherung entspricht einem allgemeinen Naturgesetz: Menschen, Tiere und Verkehrsmittel bewegen sich fast immer in Blickrichtung. Flugzeuge fliegen nie rückwärts, und selbst wenn ein Segelboot vor dem Wind kreuzt, kommt es voran. Jeder Wettbewerb, vom Fahrradrennen bis zur Formel 1, hat ein Ziel vor Augen, nicht hinter den Augen.

Der vordere Bereich des Kopfes sorgt für eine vielfältige Anbindung an die Außenwelt. Hier liegen das ausdrucksstarke Gesicht, der Sprechapparat sowie wichtige Sinnesorgane. Hier tritt die Atmung ein und aus. Hier sind auch die für die Selbstbehauptung verantwortlichen Areale des Gehirns untergebracht.

Nicht zuletzt folgt die Vorwärtsbewegung der kosmischen Ordnung. Die Erde bewegt sich weder rückwärts noch im Zickzackkurs, sondern zieht regelmäßig ihre Bahn wie die Sonne, der Mond und die anderen Planeten. Ebenso eilt die Zeit ohne Unterlass weiter.

Wenn wir vorwärts gehen, liegt uns die Zukunft zu Füßen. Der Blick auf die Zukunft hält uns in Bewegung, denn er macht uns neugierig auf das Kommende. Er fordert uns auf, das Bewährte zwar zu erhalten, aber auch Neues zu versuchen. Das Miteinander wird zu einem üppigen Markt der Möglichkeiten, den wir selbst ausgestalten können.

Das Geheimnis des Zugangs zu den anderen liegt nun offen: Drei Wege führen von ihnen weg, denn sie richten sich nach innen, auf das Ich. Dagegen strebt die Geradeausrichtung nach außen, zum Du. Wie der Horizont nur mit der vierten Himmelsrichtung vollständig ist, so auch der Mensch mit der vierten Dimension. Sie wird zum Wendepunkt, der den Unterschied macht zwischen Alleinsein und Geselligkeit.

Doch wie viel Nähe und Distanz darf sein? Während die negative Ferne als eine ungewollte Trennung vom Du empfunden wird, beruht die positive Variante auf einer bewussten Entscheidung, die dennoch Beziehungen pflegt. – Die negative Nähe bedeutet Ichverlust, Selbstaufgabe, die unangenehme Verschmelzung mit dem Du. Dagegen schafft die positive Nähe ein angenehmes Miteinander, bei dem auch die eigene Persönlichkeit nicht zu kurz kommt und unabhängig bleibt.

Angepasst oder anpassungsfähig?

„Feste Entschlossenheit und Klarheit im Inneren,
sanfte Anpassung und Stärke im Äußeren:
Das ist der Weg, etwas zu erreichen."
I GING

Manche Zeitgenossen scheitern allein aus dem Grund, weil sie nicht in der Lage sind, sich anzupassen. Mit typischen Ausreden versuchen sie, das Manko zu verbergen. Sie verachten die Anpassungsfähigkeit etwa als eine bürgerliche Tugend oder sie pochen auf ihre angebliche Individualität.

Aus Prinzip gegen den Strom zu schwimmen ist absurd. Kein Autofahrer kann die Verkehrsregeln, kein Bürgermeister die Verwaltungsvorschriften und kein Maurer die Gesetze der Statik ignorieren. Wer als Rucksacktourist fremde Länder bereist, kann nicht umhin, sich den Sitten und Gewohnheiten seiner Gastgeber anzupassen.

Selbst die mächtigsten Staatschefs der Welt sind Zwängen unterworfen. Auch sie müssen sich anpassen: an ihre Wähler, an Koalitionspartner und andere Nationen. Auch sie revidieren ständig ihre Ziele und reagieren auf die jeweiligen Notwendigkeiten. So können wir erst recht damit aufhören, wider besseres Wissen alles anders zu machen.

Wie ein Seismograph sendet die Umwelt Signale über das soziale Verhalten aus, das sie zu Recht erwarten darf. Auch ein Individualist sieht sich mit Ansprüchen konfrontiert in der Art von Selbstsicherheit, Originalität, Mut, Optimismus, Humor, Einfallsreichtum, Kontaktfähigkeit. Über derartige Fähigkeiten verfügt nicht jeder Mensch in vollem Umfang, so dass derjenige stolz sein kann, der sie einigermaßen beherrscht.

Ein starkes Ich drückt der Gesellschaft seinen Stempel auf, ohne sich zu verbiegen, und diese Fähigkeit gehört nicht gerade zu den leichtesten Übungen. Die Gesellschaft weiß Typen mit Ecken und Kanten zu schätzen, die gleichzeitig anpassungsfähig und etwa in der Kneipe nebenan zu finden sind. Auch Künstler jeder Couleur sind Individualisten und werden dennoch von der Allgemeinheit anerkannt.

In Wirklichkeit ist die Anpassungsfähigkeit für das Überleben unverzichtbar. Wenn wir mit den Wellen des Meeres spielen, zeigen wir keine devote Anpassung, sondern einen klugen Umgang mit den Elementen. Dann gehen wir weder unter, noch versäumen wir das Leben.

Zweisamkeit

„Das ist schwer: ein Leben zu zwein.
Nur eins ist noch schwerer: einsam sein.“
KURT TUCHOLSKY

Die Liebe schafft die engste Verbindung zwischen zwei Menschen. Sie verbindet die Leidenschaft mit Hilfsbereitschaft, die Sinnlichkeit mit Freundschaft, die Freiheit mit gegenseitiger Achtsamkeit. Sie regt den Geist an und vertreibt die Angst.

Wer vor dieser Vertrautheit flieht, leidet möglicherweise an einer Beziehungsunfähigkeit und schlägt die innere Tür zu, bevor es ernster wird. Dann werden gern alle möglichen Ausreden strapaziert, die zweifelsfrei belegen: „Der/Die andere passt nicht zu mir; aus uns wird nie etwas."

Beim ersten Treffen ist eine Befangenheit zwar verständlich, aber unnötig. Es geht ja nicht um eine lebenslange Partnerschaft, sondern nur um ein zwangloses Kennenlernen. Das Interesse am Gegenüber ist wichtiger als eine ichhafte Reaktion, so dass wir weder uns selbst noch den anderen vorauseilend idealisieren oder erniedrigen.

Die Ehe ist ein begehrtes Modell, denn sie bietet die Geborgenheit einer festen Beziehung, und mit einer Familie sind wir weniger allein. Entscheidend ist, dass die Partner einander achtsam behandeln, sich genügend Freiraum lassen und Konflikte möglichst bald beenden. Bleiben Eheleute bis ins hohe Alter zusammen, drücken sie damit eine besondere Zuneigung aus.

Andererseits ist eine Zweierbeziehung der kleinste Nenner, um der Einsamkeit zu entgehen. Es ist jedenfalls nicht unproblematisch, sich vor allem über die Familie zu definieren. In diesem Fall könnte sie als Alibi missbraucht werden, um sich weiteren gesellschaftlichen Pflichten zu entziehen. „Ganz aufgehen in der Familie heißt ganz untergehen", warnt Marie von Ebner-Eschenbach bereits im vorletzten Jahrhundert, als Ehen gewöhnlich noch stabil waren.

In modernen Zeiten erweist sich die Zweierbeziehung als störanfällig. Durch die wirtschaftliche Unabhängigkeit und die eherechtliche Absicherung fällt es leicht, wieder eigene Wege zu gehen. Als einziges Bindeglied bleibt die Liebe, doch sie ist wankelmütig. Auffallend viele Prominente sind auf der Bühne erfolgreicher als im Familienleben. Bereits August Strindberg kam zu dem pessimistischen Schluss: „Die Hochzeitsreise ist der erste Versuch, der Realität der Ehe zu entgehen."

So haben sich Alternativen zur klassischen Ehe durchgesetzt, etwa eingetragene Lebensgemeinschaften, Patchworkfamilien, gleichgeschlechtliche Beziehungen. Man will etwas zusammen unternehmen, aber nicht zusammenwohnen. Einige Zeitgenossen halten sich lieber einen Hund oder eine Katze, aber auf diese Art Sozialisation will sich nicht jeder Single einlassen.

Kreatives Alleinsein

„Es trocknen in der Einsamkeit die Säfte des Gemütes;
es stockt der Gedankenfluss; ich muss hinaus
in mancherlei Gemeinschaft mit den anderen Geistern."
FRIEDRICH DANIEL ERNST SCHLEIERMACHER

Einsamkeit muss nicht unbedingt die Abwesenheit von Menschen bedeuten. Sie kann auch diejenigen ergreifen, die z. B. in einer unglücklichen Ehe leben. Selbst Berühmtheiten, die ständig im Rampenlicht stehen und umschwärmt werden, wie einst Prinzessin Diana, sind nicht gegen die Einsamkeit gefeit.

Die Einsamkeit belastet das Herz-Kreislauf-System und das Immunsystem. Sie lähmt den Geist, flößt Angst ein und macht depressiv. Obwohl es der Betroffene selbst ist, der die Umgebung vor den Kopf stößt, meint er, aus der menschlichen Gemeinschaft ausgeschlossen und nicht mehr gebraucht zu werden. Allmählich verkümmern die Fähigkeiten, eine Beziehung zu knüpfen, und er wird immer wunderlicher.

Während die Einsamkeit als ein verhängnisvolles Schicksal empfunden wird, beruht das Alleinsein auf einer selbstbestimmten Entscheidung. Abseits von Ehe und Familie bietet es einen alternativen Lebensentwurf, und zwar einen mit positiven Aspekten.

Das Alleinsein bietet vor allem erhebliche Freiheiten. Scheinbar ist der Mensch kaum Konventionen unterworfen, was ihn nicht unattraktiv, gelegentlich aber auch zum Objekt des Neids macht. Jederzeit kann er sich sportlich betätigen oder spontan eine Reise antreten. Er kann träumen, über die Welt nachdenken oder ein Buch lesen. Das Alleinsein beschert durchaus auch heitere Stunden, was in einer Ehe ohne Liebe und Verständnis nicht oft vorkommt.

Beziehungen müssen keineswegs fehlen, vielmehr weitet sich der Freundeskreis. Gleichgesinnte finden sich etwa in Fortbildungskursen, Sportvereinen, Hobbygruppen, Musikdarbietungen, Ausstellungen. Veranstaltungen bieten eine gute Gelegenheit, sich mit anderen Besuchern über das Erlebte zu unterhalten. Nicht zuletzt ergibt sich die Chance, sich sozial zu engagieren.

Durch das Alleinsein wird es eher möglich, die Weichen seines Lebens neu zu stellen. Die schöpferische Wirkung begünstigt z. B. die Forschung und die Kunst. Manche Manager suchen die klösterliche Einsamkeit auf, um einmal abzuschalten. Der französische Missionar Charles de Foucauld erlebte religiöse Erfahrungen in der Wüste. Andere nehmen eine Auszeit in Form eines Sabbatjahrs, um neue Erfahrungen zu sammeln und ihren Standort zu überprüfen. Wer immer sich vorübergehend von der Welt verabschiedet, bekommt Gelegenheit, sich existenziellen Fragen zu widmen.

Die Praxis ist das Ziel

„Das große Ziel der Bildung ist nicht Wissen, sondern Handeln."
HERBERT SPENCER

In seinem *Gastmahl* erzählt Platon, dass der Mensch ursprünglich eine Kugel war, die das männliche und das weibliche Element in sich vereinte. Als ihm sein Geschöpf zu dreist wurde, schnitt Göttervater Zeus ihn in der Mitte durch; seitdem befinden sich die beiden Hälften auf der Suche nach dem Gegenstück. Die von Platon beschriebene Ergänzung lässt Raum für verschiedene Deutungen:

Zunächst kann man sie als eine Einzelperson auffassen, mit der man eine geistige und körperliche Einheit bildet. Nach der zweiten Interpretation umfasst sie eine Gruppe: Verwandte, Freunde, im weiteren Sinne das soziale Umfeld. Drittens kann sie den Teil der Persönlichkeit bedeuten, der noch nicht verwirklicht wurde.

Welche Hälfte auch immer fehlen mag, wir erhalten sie nur über die Praxis zurück. Die gedanklich-abstrakte Beschäftigung beruhigt zwar das Gewissen, aber wenn nicht mehr passiert, bleibt es dabei. Überlegungen sind kein Ersatz für das Tun, sondern eine Vorbereitung dafür, im schlimmsten Fall ein Vorwand, nicht zu handeln. Die Relativierung der Erkenntnisse entbindet uns von der Pflicht, immer und überall alle gesammelten Details bereitzuhalten.

Wenn wir zum Du aufbrechen, besteht unsere Ausrüstung aus einem fitten Gehirn, das uns wunderbare Erkenntnisse beschert. Schicht um Schicht wird die Angst von den zahlreichen Hüllen befreit, mit denen sie sich umgibt, damit wir unsere eigentliche Aufgabe nicht erkennen. Je länger die Wanderung dauert, desto leichter wird jedoch die Last, so dass wir zügig vorankommen und spüren, dass wir uns dem Ziel nähern. Zweifelsfrei befinden wir uns auf dem richtigen Kurs.

Nach der Reise durch mancherlei Irrungen und Anfechtungen sehen wir klarer. Wir sind an dem Punkt angekommen, wo es gilt, Abschied davon zu nehmen, sich nur in Gedanken ins Miteinander zu begeben. Die soziale Angst ist so eng eingekreist, dass alle Einwände und Ausflüchte gegen das Miteinander ihren Sinn verloren haben. Es bleibt nur noch ein klitzekleiner Schritt: der Schritt in die Praxis. Mehr ist nicht zu tun, aber er ist so persönlich, dass niemand ihn für uns gehen kann.

Die Angst vor den Menschen weicht nicht gegen oder ohne sie, sondern nur mit ihnen. Entweder findet das Miteinander in der Realität statt oder es findet nicht statt. Man lernt das Schreiben, Rechnen und Sprechen, indem man schreibt, rechnet und spricht. Ebenso verliert man seine Hemmungen durch konkrete Begegnungen und gelebte Verbindungen.

Der innere Mentor bringt die Sache auf den Punkt: „Die Freiheit von sozialer Angst findest du nicht in dir, sondern an dem Ort, den du vermeidest. Angeblich treibt die Umwelt dich in den Wahnsinn, in Wahrheit bringt sie die Erlösung. Wenn du deinem Leben eine neue Ausrichtung geben willst, verwirkliche Begegnungen."

Daher versäumen wir keine Gelegenheit, uns mit anderen Menschen auszutauschen. Mit der Häufigkeit der Kontakte wächst die Sicherheit, denn „Übung macht den Meister". Auch die Verhaltenstherapie setzt den

Patienten immer stärkeren Reizen aus, um seine Beziehungskompetenz auszubauen.

Wir suchen nicht nur bewusst den Anschluss, uns ergreift geradezu die Leidenschaft. Jeder Herzschlag, jeder Atemzug, jede Hirnzelle, jedes gesprochene und gesungene Wort stellt sich in den Dienst der noblen Sache. Jede Faser des Seins ruft es hinaus: Ja, ich will. Ich will mich mit den anderen vereinen und verbunden bleiben, das ist mein schönstes und wichtigstes Ziel.

LITERATURVERZEICHNIS

Folgende Bücher zu Beziehungsängsten bieten eine sinnvolle Ergänzung zur vorliegenden Abhandlung:

Adler, Eric (2012): Schlüsselfaktor Sozialkompetenz. Was uns allen fehlt und wir noch lernen können. Berlin (Econ).

Alpert, Jonathan und Alisa Bowman (2012): Hinter deiner Angst liegt deine Kraft. 5 Schritte zu dem Leben, das Sie leben wollen. München (Goldmann).

Alsleben, Heike und Iver Hand (Hrsg.) (2006): Soziales Kompetenztraining. Gruppentherapie bei sozialen Ängsten und Defiziten. München/Jena (Urban & Fischer).

Ambühl, Hansruedi, Barbara Meier und Ulrike Wilutzki (2002): Soziale Angst verstehen und behandeln. Stuttgart (Klett-Cotta).

André, Christophe (2001): Phobien. Bergisch Gladbach (Bastei Lübbe).

André, Christophe (2009): Alles über die Angst. Wie Ängste entstehen und wie man sie überwinden kann. Stuttgart (Kreuz).

André, Christophe et Patrick Légeron (1999): Bammel, Panik, Gänsehaut. Die Angst vor den anderen. Leipzig (G. Kiepenheuer).

Auhagen, Ann Elisabeth und Hans-Werner Bierhoff (Hrsg.) (2003): Angewandte Sozialpsychologie. Das Praxishandbuch. Weinheim (Beltz).

Baer, Udo und Gabriele Frick-Baer (2009): Gefühlslandschaft Angst. Weinheim (Beltz).

Baker, Roger (2012): Wenn plötzlich die Angst kommt. Panikattacken verstehen und überwinden. Witten (SCM R. Brockhaus), 16. Aufl.

Bandelow, Borwin (2007): Das Angstbuch. Woher Ängste kommen und wie man sie bekämpfen kann. Reinbek bei Hamburg (Rowohlt), 5. Aufl.

Bandelow, Borwin (2007): Das Buch für Schüchterne. Wege aus der Selbstblockade. Reinbek bei Hamburg (Rowohlt).

Bassett, Lucinda (2000): Angstfrei leben. Das erfolgreiche Selbsthilfeprogramm gegen Stress und Panik. Weinheim (Beltz), 9. Aufl.

Bassler, Markus und Stefan Leidig (Hrsg.) (2005): Psychotherapie der Angsterkrankungen. Stuttgart (Thieme).

Beck, A. T. and G. Eremy (1985): Anxiety and Phobias. New York (Basic).

Becker, Eni und Jürgen Margraf (2007): Generalisierte Angststörung. Ein Therapieprogramm. Weinheim (Betz), 2. Aufl.

Becker, Eni (2011): Angst. München (Reinhardt).

Böker, Heinz (2007): Angststörungen. Die wichtigsten Antworten. Freiburg (Herder).

Bourne, Edmund J. (2008): Arbeitsbuch Ängste und Phobien. München (arkana).

Brantley, Jeffrey (2009): Der Angst den Schrecken nehmen. Achtsamkeit als Weg zur Befreiung von Ängsten. Freiamt im Schwarzwald (Arbor).

Butler, Gillian (2001): Overcoming Social Anxiety and Shyness. New York (University).

Calmer, Nathalie (2013): Angst hieß mein Leben. Ein Therapiebericht. Radebeul (A-Tonica).

Cohen, Philipp and Michael Le Page (2001): Fighting Fear. At last there's hope for those whose lives are ruled by terror. *New Scientist, 2305, 9.*

Consbruch, K. von und Ulrich Stangier (2010): Ratgeber Soziale Phobie. Göttingen (Hogrefe).

Crozier, W. Ray and E. Alden Lynn (ed.) (2001): International Handbook of Social Anxiety. Concepts, Research and Interventions Relating to the Self and Shyness. New York (John Wiley).

Cunningham, Terry (2000): The Hell of Social Phobia. London (Stagedoor).

Dehner-Rau, Cornelia und Harald Rau (2007): Ängste verstehen und hinter sich lassen. Stuttgart (Trias).

Eisner, Margarete (2012): Über Schüchternheit. Tiefenpsychologische und anthropologische Aspekte Göttingen (Vandenhoeck & Ruprecht).

Elliot, Charles H. und Laura L. Smitz (2007): Angstfrei leben für Dummies. Weinheim (Wiley-VCH).

Engelmann, Bea (2011): Willkommen in der Mutzone. Sei kein Frosch, trau dich! Heidelberg (Carl-Auer).

Fabian, Egon (2010): Anatomie der Angst. Ängste annehmen und an ihnen wachsen. Stuttgart (Klett-Cotta).

Fabian, Egon (2013): Die Angst. Geschichte, Psychodynamik, Therapie. Münster (Waxmann).

Fehm, Lydia und Hans-Ulrich Wittchen (2004): Wenn Schüchternheit krank macht. Ein Selbsthilfeprogramm zur Bewältigung sozialer Phobie. Göttingen (Hogrefe).

Fehm, Lydia et al. (2008): Social Phobia above and below the diagnostic threshold. Prevalence, comorbidity and impairment in the general Population. *Social Psychiatry and Psychiatric Epidemiology, 43, 257-265.*

Forgas, Joseph P. (1999): Soziale Interaktion und Kommunikation. Eine Einführung in die Sozialpsychologie. Weinheim (Beltz), 4. Aufl.

Forsyth, John P. und Georg H. Eifert (2010): Mit Ängsten und Sorgen erfolgreich umgehen. Ein Ratgeber für den achtsamen Weg in ein erfülltes Leben mit Hilfe von ACT. Göttingen (Hogrefe).

Goltschnigg, Dietmar (Hrsg.) (2012): Angst. Lähmender Stillstand und Motor des Fortschritts. Tübingen (Stauffenburg).

Grün, Klaus-Jürgen (2009): Angst. Vom Nutzen eines gefürchteten Gefühls. Berlin (Aufbau).

Hartwig, Renate (2010): Du hast nichts zu verlieren außer deiner Angst. München (Pattloch).

Hasselmann, Varda und Frank Schmolke (2009): Die sieben Archetypen der Angst. Die Urängste des Menschen erkennen, verstehen und behandeln. München (arkana), 2. Aufl.

Hinsch, Rüdiger und Simone Wittmann (2010): Soziale Kompetenz kann man lernen. Weinheim (Beltz), 2. Aufl.

Hoffmann, Nicolas und Birgit Hofmann (2004): Expositionen bei Ängsten und Zwängen. Praxishandbuch. Weinheim (Beltz).

Hoffmann, Walter (2007): Kraftquelle Angst. So nutzen Sie Ihr Frühwarnsystem. Wien (Ueberreuter).

Hofmann, Stefan G. (2000): From Social Anxiety to Social Phobia. Multiple Perspectives. Boston (MA) (Allyn & Bacon).

Hollander, Eric and Nicholas Bakalar (2005): Coping with Social Anxiety. The Definite Guide to Effective Treatment Options. New York (Henry Holt).

Hüther, Gerald (2009): Biologie der Angst. Wie aus Stress Gefühle werden. Göttingen (Vandenhoek & Ruprecht), 9. Aufl.

Jeffers, Susan (2002): Selbstvertrauen gewinnen. Die Angst vor der Angst verlieren. München (Kösel), 10. Aufl.

Kast, Verena (2007): Vom Sinn der Angst. Freiburg (Herder), 7. Aufl.

Kästele, Gina (2012): Umarme deine Angst und verwandle sie in positive Lebenskräfte. Ein Selbsthilfeprogramm. München (Kösel).

Katschnig, Heinz, Ulrike Demal und Johann Windhaber (Hrsg.) (1998): Wenn Schüchternheit zur Krankheit wird. Über Formen, Entstehung und Behandlung der Sozialphobie. Wien (Facultas).

Kearney, Christopher A. (2005): Social Anxiety and Social Phobia in Youth. Characteristics, Assessment and Psychological Treatment. New York (Springer).

Kisser, Thomas, Daniela Rippl und Marion Tiedtke (Hrsg.) (2011): Angst. Dimension eines Gefühls. München (W. Fink).

Krohne, Heinz Walter (2010): Psychologie der Angst. Stuttgart (Kohlhammer).

Langmaak, Barbara (2004): Soziale Kompetenz. Verhalten steuert den Erfolg. Weinheim (Beltz).

Leidig, Stefan und Ingrid Glomp (2003): Nur keine Panik! Ängste verstehen und überwinden. München (Kösel).

Mann, Leon (2001): Sozialpsychologie. Weinheim (Beltz).

Mantel, Gerhard (2005): Mut zum Lampenfieber. Mentale Strategie für Musiker zur Bewältigung von Auftritten und Prüfungsangst. Mainz (Atlantis-Schott), 2. Aufl.

Margraf, Jürgen und Katharina Rudolph (Hrsg.) (1999): Soziale Kompetenz – soziale Phobie. Hohengehren (Schneider), 2. Aufl.

Markway, Barbara G. uund Gregory Markway (2003): Frei von Angst und Schüchternheit. Soziale Ängste besiegen – ein Selbsthilfeprogramm. Weinheim (Beltz).

Marshall, John R. (1994): Social Phobia. From Shyness to Stage Fright. New York (Basic).

McKay, Mathew (2004): Selbstachtung – das Herz einer gesunden Persönlichkeit. Paderborn (Junfermann).

McMahon, Gladeana (2011): Endlich keine Angst mehr! Hilfe durch Selbstcoaching. Bern (Huber).

Metzig, Werner und Martin Schuster (1998): Prüfungsangst und Lampenfieber. Heidelberg (Springer), 2. Aufl.

Morschitzky, Hans (2002): Angststörungen. Diagnostik, Konzepte, Therapie, Selbsthilfe. Heidelberg (Springer).

Morschitzky, Hans und Sigrid Sator (2010): Die zehn Gesichter der Angst. Ein Selbsthilfeprogramm in sieben Schritten. Mannheim (Patmos).

Müller, Nina (2002): Die soziale Angststörung bei Jugendlichen und jungen Erwachsenen. Erscheinungsformen, Verlauf und Konsequenzen. Münster (Waxmann).

Peiffer, Vera (2004): Nur keine Angst. München (Droemer-Knaur).

Pelzer, Bernd (2009): Angstfrei glücklich leben. Der Lebens(hilfe) – Ratgeber für Angstbetroffene. Zürich (Oesch).

Peseschkian, Nossrat und Udo Bosseln (2001): Angst und Depressionen im Alltag. Frankfurt (Fischer), 4. Aufl.

Peurifoy, Reneau Z. (2007): Angst, Panik und Phobien. Ein Selbsthilfe-Programm. Bern (Huber). 3. Aufl. [am. Orig. (1995): Anxiety, Phobias & Panic. New York (Warner).]

Peurifoy, Reneau Z. (2007): Frei von Angst – ein Leben lang. Hilfe zur Selbsthilfe. Bern (Huber), 3. Aufl.

Preetz, Norbert (2013): Nie wieder Angst. So lösen Sie Ängste in Minuten. Magdeburg (Verlag Erfolg und Gesundheit).

Reinecke, Mark A. (2012): Das kleine Anti-Angst-Buch. Die Notfallapotheke für Angstsituationen. Ostfildern (Patmos).

Riemann, Fritz (2003): Grundformen der Angst. Eine tiefenpsychologische Studie. München (Reinhardt), 36. Aufl.

Roediger, Eckhard (2005): Wege aus der Angst. Stuttgart (aethera).

Rufer, Michael, Heike Alsleben und Angela Weiss (2011): Stärker als die Angst. Ein Ratgeber für Menschen mit Angst- und Panikstörungen. Bern (Huber).

Sartory, Gudrun (1997): Angststörungen. Darmstadt (Wissenschaftliche Buchgesellschaft).

Sator, Sigrid (2014): Angstfrei reden und präsentieren. Ein Selbsthilfebuch. Bern (Huber).

Schaub, Richard und Bonney Gulino Schaub (2009): Das Ende der Angst. Ein spiritueller Weg aus der Angstfalle. München (Kailash).

Schmidbauer, Wolfgang (2005): Lebensgefühl Angst. Jeder hat sie. Keiner will sie. Was wir gegen die Angst tun können. Freiburg (Herder).

Schmitz, Margot und Michael Schmitz (2005): Seelenfraß. Wie Sie den inneren Terror der Angst besiegen. Wien (Ueberreuter).

Schulz, Ursula (1997): Angst. Schrei nach Leben. Waiblingen (Stendel).

Schünke, Michael, Erik Schulte, Udo Schumacher, Markus Voll und Karl Wesker (2006): Prometheus. Lernatlas der Anatomie. Kopf und Neuroanatomie, Stuttgart (Thieme).

Spahn, Claudia (2012): Lampenfieber. Handbuch für den erfolgreichen Auftritt. Grundlagen, Analyse, Maßnahmen. Leipzig (Henschel).

Stangier, Ulrich, David M. Clark und Anke Ehlers (2006): Soziale Phobie. Göttingen (Hogrefe).

Stangier, Ulrich und T. Fydrich (Hrsg.) (2002): Soziale Phobie und Soziale Angststörung. Göttingen (Hogrefe).

Stangier, Ulrich, Thomas Heidenreich und Monika Peitz (2003): Soziale Phobien. Ein kognitiv-verhaltenstherapeutsches Behandlungsmanual. Weinheim (Beltz).

Trickett, Shirley (2002): Endlich wieder angstfrei leben. Zürich (Oesch).

Volz, Hans-Peter und Rolf-Dieter Stieglitz (2010): Generalisierte Angststörung. Krankheitsbild, Komorbiditäten, Psycho- und Pharmakotherapie. Stuttgart (Schattauer).

Watzlawick, Paul (1983): Anleitung zum Unglücklichsein. München (Piper).

Waszlo, Z. (1995): Soziale Phobie. Basel (Karger).

Wehrenberg, Margarete (2012): Die 10 besten Strategien gegen Angst und Panik. Wie das Gehirn uns Stress macht und was wir dagegen tun können. Weinheim (Beltz).

Willberg, Hans-Arved von (2006): Keine Angst vor der Angst! Angststörungen – ihre Ursachen und wie man sie bewältigen kann. Witten (SCM R.Brockhaus).

Wittchen, Hans-Ulrich (1995): Wenn Angst krank macht. Störungen erkennen, verstehen und behandeln. München (Mosaik).

Wittchen, Hans-Ulrich, Esther Beloch, Elzbieta Garczynski u. a. (o. Jahr): Soziale Phobie. Wege aus der sozialen Phobie. o. Ort (Roche-Ratgeber).

Witzleben, Ines von und Aljoscha A. Schwarz (2010): Endlich frei von Angst. München (GU), 6. Aufl.

Wolf, Doris (2003): Keine Angst vor dem Erröten. Mannheim (PAL), 3. Aufl.

Wolf, Doris (2005): Ängste verstehen und überwinden. Mannheim (PAL), 18. Aufl.

Wolf, Doris und Alan Garner (2002): Nur Mut zum ersten Schritt. Mannheim (PAL), 3. Aufl.

Wüst, Petra (2012): Schüchtern war gestern. Der Schlüssel zu mehr Ausstrahlung, Selbstvertrauen und Lebensfreude. Zürich (Orell Füssli).

Zulley, Jürgen (2005): Mein Buch vom guten Schlaf. München (Zabert Sandmann).

Partnerschaft und spirituelles Leben
Gemeinsam in ein höheres Bewusstsein
Chuck Spezzano

Hardcover, 272 Seiten, ISBN 978-3-86616-329-4

Mit gewohnt durchdringender Bewusstseinsklarheit und mitfühlender Menschenkenntnis öffnet der weltberühmte Weisheitslehrer mit den Botschaften dieses Buches unsere Herzen und unsern Geist für ein tiefes spirituelles Verständnis von Partnerschaft. In seiner unvergleichlichen Weise erinnert er uns daran, im Anderen, in uns selbst und in allen Prozessen, die in der Begegnung stattfinden, das Göttliche zu erkennen. Welche Widerstände und Schwierigkeiten wir auch immer in und durch unser Partnerschaft erfahren, sie sind die großen Wegweiser für unsere Heilung. Und wahre Heilung kann nur in und durch die Liebe geschehen. Dieses grandiose „Meisterwerk der Liebe" zeigt uns, wie wir gemäß unserer göttlichen Natur ein erfüllendes Miteinander leben können.

Erfüllende Liebe
Die Erfahrung von tiefem Glück in Beziehungen
Joseph Fries / Wolfgang Weigand

Hardcover, 192 Seiten, ISBN 978-3-86616-313-3

Wohl fast jeder von uns sehnt sich nach einer tief erfüllenden Partnerschaft oder sogar nach der einen großen Liebe. Und wie oft erleben wir immer wieder Schmerz und Enttäuschung, Kämpfe und Verletzungen? Dennoch: hoffen und suchen wir weiter! Gut so! Denn dieses Buch könnte für Sie zu einer reichen inneren Fundgrube werden auf dem Weg zur „wahren Liebe". Vielleicht kein einfacher Weg, aber der einzige, den es sich lohnt zu gehen! Und mit diesem „Wegweiser der Bewusstheit" steigt eindeutig die Chance, alte Pfade zu verlassen, eigene Begrenzungen zu überwinden und endlich anzukommen in einer aufgewachten Beziehungskultur – lebendig, liebesfähig, befreit und transformiert. Jetzt durchlesen, „durchleben" und weitergehen – denn die Erfüllung Ihres Herzenswunsches kann Wirklichkeit werden.

Hochsensibel – Was tun?
Der innere Kompass zu Wohlbefinden und Glück
Mit grundlegenden Infos und zahlreichen Übungen
Sylvia Harke

5. Auflage

Paperback, 352 Seiten, ISBN 978-3-86616-281-5

Fühlen Sie sich auch manchmal wie von einem anderen Stern? Einfach nicht gemacht für diese Welt? Dann gehören Sie vielleicht auch zu der Gruppe der hochsensiblen Menschen, und dieses Buch kann für Sie zu eine wahren Offenbarung werden. Autorin und Therapeutin Sylvia Harke – selbst einer so genannte „HSP" (Highly Sensitive Person) – hat dieses Phänomen sehr einfühlsam und tiefgründig erforscht und gibt ganz praktische, konkrete Hilfen für den Alltag. Untermauert mit zahlreichen eindrucksvollen Interviews und Fallbeispielen kann dieses Buch für jeden hochsensiblen Menschen zu einer wertvollen Lebenshilfe werden und gänzlich neue Perspektiven für die eigene Lebensgestaltung eröffnen.